TECHNO**STRESS**
TECHNOPHOBIE

Données de catalogage avant publication (Canada)

Guilane-Nachez, Érica

Technostress, technophonie : maîtriser la technologie avec le sourire

1. Technologie - Aspect social. 2. Technologie - Aspect psychologique. 3. Stress.
4. Technologie. I. Nachez, Michel. II. Titre.

T14.5G84 2002 303.48'3 C2002-941073-8

DISTRIBUTEURS EXCLUSIFS :

- Pour le Canada
et les États-Unis :
MESSAGERIES ADP*
955, rue Amherst
Montréal, Québec
H2L 3K4
Tél. : (514) 523-1182
Télécopieur : (514) 939-0406
* Filiale de Sogides ltée

- Pour la France et les autres pays :
VIVENDI UNIVERSAL PUBLISHING SERVICES
Immeuble Paryseine, 3, Allée de la Seine
94854 Ivry Cedex
Tél. : 01 49 59 11 89/91
Télécopieur : 01 49 59 11 96
Commandes : Tél. : 02 38 32 71 00
Télécopieur: 02 38 32 71 28

- Pour la Suisse :
VIVENDI UNIVERSAL PUBLISHING SERVICES SUISSE
Case postale 69 - 1701 Fribourg - Suisse
Tél. : (41-26) 460-80-60
Télécopieur : (41-26) 460-80-68
Internet : www.havas.ch
Email : office@havas.ch
DISTRIBUTION : OLF SA
Z.I. 3, Corminbœuf
Case postale 1061
CH-1701 FRIBOURG
Commandes : Tél. : (41-26) 467-53-33
Télécopieur : (41-26) 467-54-66

- Pour la Belgique et le Luxembourg :
VIVENDI UNIVERSAL PUBLISHING SERVICES BENELUX
Boulevard de l'Europe 117
B-1301 Wavre
Tél. : (010) 42-03-20
Télécopieur : (010) 41-20-24
http://www.vups.be
Email : info@vups.be

Pour en savoir davantage sur nos publications,
visitez notre site: **www.edhomme.com**
Autres sites à visiter: www.edjour.com • www.edtypo.com
www.edvlb.com • www.edhexagone.com • www.edutilis.com

Dépôt légal : 3e trimestre 2002
Bibliothèque nationale du Québec

ISBN 2-7619-1755-3

Gouvernement du Québec – Programme de crédit d'impôt pour l'édition de livres – Gestion SODEC.

L'Éditeur bénéficie du soutien de la Société de développement des entreprises culturelles du Québec pour son programme d'édition.

Nous reconnaissons l'aide financière du gouvernement du Canada par l'entremise du Programme d'aide au développement de l'industrie de l'édition (PADIÉ) pour nos activités d'édition.

Michel NACHEZ et Erica GUILANE-NACHEZ

TECHNOSTRESS TECHNOPHOBIE

Maîtriser la technologie avec le sourire

LES ÉDITIONS DE L'HOMME

UN MOT DES AUTEURS

Cet ouvrage est écrit par une « entité bicéphale », Érica Guilane-Nachez et Michel Nachez, et le « je » qui y est utilisé fait référence à cette entité. En effet, pour une bonne clarté d'exposition et pour privilégier la simplicité, l'utilisation de la première personne a été préférée au « nous », trop scolaire.

INTRODUCTION

Technostress, technophobie, techno-épuisement, technoclash...

Que de mots avec « techno » ! Parle-t-on là de cette fameuse musique qui rassemble des millions de jeunes à New York, à Berlin ou à Paris, pour de si colorées technoparades ? Hélas ! non, car celle-ci est plutôt capable de faire danser un zombie que de faire s'écrouler un humain normalement constitué (sauf peut-être dans les bras de Morphée, après quelques heures d'agréables trémoussements).

Hélas ! non, donc, car ici ce préfixe *techno* parle de machines électroniques, de technologies modernes et autres ordinateurs. On peut résumer tout cela par le sigle NTIC, qui signifie Nouvelles Technologies de l'Information et de la Communication, lesquelles ne génèrent pas toujours des réflexions positives. En effet, il ne se passe pas de semaine sans que, dans l'un ou l'autre média, on relève des commentaires du style de ceux-ci :

- La détresse, c'est « le regard en biais que l'on porte tous les jours sur son ordinateur, sur son téléphone dernier cri lorsqu'il sonne à l'heure du repas, sur son sèche-linge électronique que l'on programme au petit bonheur la chance, ou encore sur ce four programmable dernier cri dont on n'a pas encore saisi toutes les fonctions. » (Extrait d'un article du magazine *Gazoil* de décembre 2000)

- « La machine, c'est froid, inerte comme la mort [...]. L'informatique à l'école, ça ne sert à rien. Il vaut mieux que les enfants apprennent les langues, les mathématiques et qu'ils aillent au musée. » (Bruno Lussato, cité par W. Cohu-Weill dans un article paru dans *Dernières Nouvelles d'Alsace,* 1er juin 2000)
- « On ne va tout de même pas se laisser faire par les machines. [...] Et ces appareils intelligents à grande gueule, je les donne à Emmaüs pour les pauvres. Je sais, ce n'est pas bien, parce que, avec ces engins-là, en plus d'être pauvres, ils seront encore emm... » (Extrait d'un article d'Huguette Dreikaus dans *Dernières Nouvelles d'Alsace,* octobre 2000)
- « Les angoisses du XXIe siècle sont arrivées. [...] Big Brother n'est pas un roman mais une réalité. Comment faire face ? » (Extrait d'un article paru dans *Dernières Nouvelles d'Alsace,* octobre 2000)

J'en passe et des meilleures ! Pour vous instruire en la matière, il vous suffit à vous aussi de parcourir votre journal quotidien ou votre magazine hebdomadaire habituel.

Une nouvelle maladie

Mais que sont donc plus exactement le technostress et la technophobie ? Ce sont en quelque sorte des « nouvelles maladies ». À bien y regarder, ce ne sont nullement des affections concernant les petites natures ni des maladies imaginaires. Liées à la prolifération des NTIC, on pourrait plutôt parier sur le fait que ces maladies vont se répandre de plus en plus, causant de nombreux arrêts de travail, tout à fait justifiés d'ailleurs, parce que leurs symptômes ressemblent fort à ceux de l'épuisement professionnel qu'en Amérique du Nord on appelle couramment, et de façon imagée, le *burn-out* (être grillé, consumé).

Le technostress peut être lié à divers facteurs, soit :

- À la fréquentation obligée des machines à puces dans le travail, et il n'y a presque plus d'emplois où l'on peut s'en passer.
- À la peur de devoir se familiariser avec l'informatique ou avec de nouveaux logiciels, alors qu'on a déjà tant souffert pour intégrer les équipements précédents.
- À une sorte d'attraction/répulsion envers ces nouvelles technologies de l'information, laquelle est bien illustrée par la phrase suivante : « J'aurais bien envie de m'acheter un ordinateur, mais cela a l'air si difficile d'y comprendre quelque chose que je n'y arriverai jamais ! »
- À un sentiment de dévalorisation personnelle parce que l'on s'est, précisément, offert la belle machine et qu'on a déchanté devant elle, et qui est à présent reléguée dans un coin obscur de l'appartement. Pourtant, on avait bien essayé de lire le rébarbatif manuel d'instruction et de recourir à l'aide en ligne.
- À l'idée qu'un conflit oppose « mes cellules grises » à cette glaciale intelligence artificielle, à la logique si imparable et si calculatrice que « je ne peux pas lui arriver à la cheville ! »

Si le technostress naît du sentiment d'incompréhension face aux machines, il peut même s'aggraver, s'orientant alors vers la technophobie, se nourrissant de l'impression d'être de plus en plus — et de plus en plus vite — dépassé par les inventions et les innovations de notre monde si technologique. Le technostressé a le sentiment plus ou moins confus d'être l'équivalent moderne des Néandertaliens, devant être éradiqués par ces hommes modernes de Cro-Magnon que sont les technomordus. Il se sent appartenir à la génération sacrifiée, celle qui se situe entre les « anciens » (ceux d'avant l'ère des NTIC) et ces nouveaux mutants que sont nos jeunes « naissant avec les doigts sur un clavier ». Il développe de lui-même l'image de quelqu'un de démodé, de laissé pour compte. Il se sent de plus en plus voué à regarder passer, avec envie et de loin, le train vers le futur avec ses passagers techno-adaptés, techno-heureux, technoréussissants.

Mais qu'est-ce qui permet de reconnaître le technostress ? Eh bien ! il se manifeste par un certain nombre de symptômes qui affectent aussi bien le moral que le physique de la personne qui en est atteinte.

Au moral :

- La perte de confiance en soi : « Je n'y arrive(rai) pas. »
- La peur de devoir en faire toujours plus, plus vite et avec moins de temps : « Tous ces trucs, en temps réel, je n'arrive(rai) pas à suivre le rythme. »
- Les coups à l'estomac à la pensée de devoir affronter son *seuil de Peters,* soit son seuil d'incompétence : « Et si je n'y comprenais rien ? »
- Des tendances dépressives : « Je suis fini. Je ne m'adapte plus. Je suis dépassé. »
- La parano, c'est-à-dire l'impression de devoir être sacrifié sur l'autel de la productivité : « Si je n'y arrive pas, X, lui, le fera et, de toute façon, il vise ma place depuis longtemps. »
- Le sentiment de perdre le contrôle : « Ça part dans tous les sens, je ne sais plus où donner de la tête avec toutes ces nouveautés. »

Au physique :

- Dans les cas bénins, le technostress peut occasionner des palpitations cardiaques, des problèmes digestifs, des maux de tête, de l'insomnie, qui sont autant de manifestations physiques de l'angoisse.

- Dans les cas plus graves, on a pu relever tous les symptômes déjà bien connus du stress et du *burn-out*: hypertension, maladies cardiaques et digestives, affaiblissement du système immunitaire et du système nerveux, modifications de la chimie cérébrale.

Pour sa part, la technophobie est très bien illustrée par cette citation d'Alain Finkielkraut: « Mais, c'est vrai, je résiste, je me braque, je reste obstinément décroché des "forces vives": tenant à distance les nouvelles machines, je me barricade, en quelque sorte, dans le révolu, je m'arc-boute à mon stylo, à mes paperasses, et à mes chers amis, les livres[1]. »

Ainsi, ce qui caractérise le technophobe, c'est qu'il cherche à tout prix à éviter le contact avec les NTIC tout en ayant conscience d'être en grand décalage avec « l'air du temps », la modernité et le monde dans lequel il est voué à vivre et à évoluer. Ce qui génère en lui un sentiment de plus en plus grand d'insécurité et de malaise. Dans les faits, il y a deux sortes de personnes technophobes. D'une part, celles qui le sont devenues par l'aggravation progressive d'un technostress; d'autre part, celles qui, n'ayant jamais accepté d'être en contact avec une de ces machines, relèvent de ce que l'on peut peut-être appeler une « technophobie initiale ». Dans ces deux cas, les symptômes de la technophobie sont de même nature.

Au moral:

- La nostalgie du passé: « Ah, c'était le bon temps! »

1. Alain Finkielkraut et Paul Soriano, *Internet, l'inquiétante extase*, Mille et Une Nuits, 2001.

- La peur de l'avenir : « Jusqu'où cela va-t-il aller ? »
- Des changements d'humeur, des réactions phobiques : « Saleté de machines ! »
- La recherche désespérée de stratégies d'évitement envers les NTIC : « Il faut que je trouve de bons prétextes pour ne pas m'y mettre. »
- Des tendances dépressives et une image dévalorisée de soi : « Je suis fini. Je ne m'adapte plus. Je suis dépassé. »

Au physique :

- Des palpitations, des sensations d'oppression, des tremblements à la seule idée de devoir manipuler une machine informatique : ce qui est ressenti est presque un refus de tout le corps.

Les moyens de la guérison

Mais faut-il subir ces symptômes de technostress et de technophobie ? Sont-ils incontournables, inévitables ? Bien sûr que non !

Dans les pages qui suivent, vous allez rencontrer des technostressés et des technophobes. Et aussi des technoguéris. Vous y trouverez également les moyens favorisant la guérison, les remèdes à ces syndromes. Il importe de préciser que ce livre ne vise pas à vous former à l'informatique et aux NTIC. Vous trouverez cela dans d'autres ouvrages qui les mettent à la portée de chacun. Ce livre entend plutôt vous livrer et vous donner l'état d'esprit du techno-épanoui et, pourquoi pas, du technomaître, du technodominant.

En effet, les outils et les méthodes que ce livre comporte vont vous permettre non seulement de vous guérir aisément du technostress et de la technophobie, mais aussi de vous y rendre invulnérable. Et cela, non pas en vous coupant des technologies ou en fuyant leurs machines, mais en les utilisant et en les maîtrisant, et avec le sourire encore !

Il faut bien reconnaître qu'actuellement il n'est plus du tout possible d'éliminer ces machines de notre environnement professionnel et personnel. Face à ces dernières, il vous reste donc quatre possibilités :

1) Être déjà un passionné des NTIC et avoir une relation quasi symbiotique avec sa ou ses machines. Dans ce cas-là, il n'y a pas de danger de subir le technostress.
2) Rester technostressé (et même aggraver progressivement son cas) en étant obligé d'utiliser les NTIC dans le travail et dans la vie privée.
3) Rester technophobe et trembler à la seule vue d'une machine tout en devant l'utiliser, par exemple dans le travail.
4) Éliminer les difficultés relatives aux points 2 et 3, et acquérir une vue positive de soi-même et de ses capacités face aux machines des NTIC.

Si votre cas relève des situations inscrites dans les points 2 et 3, vous allez sans nul doute décider de choisir la quatrième possibilité. C'est pourquoi la lecture des différents chapitres de ce livre vous sera d'une grande utilité, car elle vous permettra de découvrir toute la gamme des moyens permettant votre guérison rapide.

Un conseil

Permettez-moi maintenant un conseil de lecture pour que vous tiriez le maximum de bénéfice de cet ouvrage. *Lisez d'abord tout le livre* in extenso, *sans faire les exercices (sauf le test du chapitre 2), de manière à acquérir une vue générale des choses.* Ensuite, revenez en arrière et pratiquez les exercices qui vous inspirent, *et dans l'ordre qui vous tente*. En effet, chacun de ces exercices est un tout en soi et représente un outil d'une grande efficacité pour vous faire avancer sur les voies de votre « technoguérison ».

Après avoir vu les différents symptômes de ces syndromes que sont le technostress et la technophobie, les chapitres 1 à 5 de ce livre sont en quelque sorte une invitation à rencontrer des personnes qui, manifestement, en souffrent. Et pourtant ces gens, tout comme vous-même, se doivent de vivre dans le monde tel qu'il a évolué, dans l'ère des machines et des NTIC, un monde qui présente nombre d'avantages inestimables, mais aussi des périls que vous découvrirez.

Vous pourrez aussi vous tester pour savoir jusqu'à quel point vous êtes vulnérable au technostress ou à la technophobie (chapitre 3). Ensuite commencera l'étape de votre *guérison* : vous verrez comment dépasser votre « seuil de Peters », c'est-à-dire comment agrandir le territoire de vos compétences dans le domaine des NTIC (chapitre 4). Vous prendrez pleinement conscience de l'immense potentiel dont vous disposez pour devenir « maître ès machines », c'est-à-dire de votre cerveau et de ses 10 formes d'intelligence, et vous apprendrez à l'utiliser plus pleinement, plus largement, plus efficacement (chapitre 5).

Dans la seconde partie de ce livre, la présentation des mythes qui sous-tendent le technostress et la technophobie (chapitres 6 et 7), ira de pair avec celle des antidotes qui permettent de neutraliser leurs effets indésirables sur vous et de rendre effective votre guérison (chapitre 8).

PREMIÈRE PARTIE

« Je ne comprends rien à toutes ces nouvelles machines ! Le monde moderne n'est pas fait pour moi ! Il me fait peur. »

1

UNE « ALLERGIE » AUX NTIC ?

Ce livre puise son origine dans deux rencontres qui se sont produites à l'occasion d'une séance de thérapie. Elles témoignent de toute l'étendue, jusque dans des couches socioprofessionnelles de haut niveau, de ces inadaptations aux NTIC que sont le technostress et la technophobie, et de l'importance d'y proposer un remède.

Le magnétoscope

La première rencontre met en scène un homme de 45 ans, chef de service dans un ministère, études à bac +4, marié. Cette personne est en thérapie depuis quelques mois (pour tout autre chose qu'un rapport défectueux aux « machines ») quand, un jour, il me dit :

— Je suis arrivé à me décider à acheter un nouveau magnétoscope, l'ancien était en panne depuis des mois.

— Pourquoi avoir attendu si longtemps ?

— J'ai horreur de ces machines ! De toutes les machines, d'ailleurs, où il faut programmer. Savoir sur quelles touches appuyer pour qu'elle fasse ce que je veux, voilà qui me paraît insurmontable !

— Et ça y est ? Vous l'avez réglé ce magnétoscope ?

Il me regarde d'un air piteux.

— Non. J'ai lu le manuel, j'ai essayé. Je me suis énervé. Et j'ai renoncé.

— Alors, il n'est pas en fonction ?

— Si, mais seulement pour visionner des cassettes, pas pour enregistrer des émissions à la télévision, sauf en direct. Ma femme est frustrée parce qu'elle se réjouissait de s'en servir pour enregistrer sur vidéo les émissions littéraires (elle est enseignante en lettres). Et moi, je suis très mécontent de moi !

— Votre épouse non plus ne sait pas comment faire pour résoudre ce problème ?

— Non. Elle va attendre qu'un de nos amis, qui, lui, s'y connaît, trouve le temps de venir pour régler cette maudite machine. Mais j'appréhende ce moment, parce qu'après, il faudra que je sache comment la programmer pour enregistrer les émissions que nous voulons garder. Et je sais déjà que je ne vais pas y arriver !

— Pourtant, avec votre ancien magnétoscope, vous le faisiez bien ?

— Non. On se contentait de visionner des cassettes ou d'enregistrer des programmes en direct. Jamais en programmant à l'avance. On a raté beaucoup de choses comme cela.

Diagnostic de cette première rencontre : technostress.

L'ordinateur

La seconde de ces rencontres implique un homme d'une quarantaine d'années, équilibré, intelligent et généralement débrouillard. Le genre de personne qui trouve des solutions aux problèmes que pose la vie, capable de flair et d'adaptation, de bon conseil pour autrui. Docteur en sociologie, enseignant à l'université, auteur d'ouvrages et d'articles scientifiques, bien marié, père de deux jeunes et beaux enfants, bref, il s'agit de quelqu'un dont on n'aurait jamais imaginé qu'il puisse chercher de l'aide chez un psychothérapeute.

Cet homme ne souffre d'ailleurs pas de ce qu'il est convenu d'appeler des « problèmes psychologiques » : ni névroses, ni dépression, ni lourds blocages, ni rien qui puisse s'assimiler à des limitations notables dans son comportement, dans sa façon d'être ou de s'exprimer dans la vie. Sauf pour un petit « détail » :

— J'ai la phobie des ordinateurs. Or, il va falloir que je me décide à m'informatiser, parce que mon éditeur veut, à présent, que ses auteurs lui fournissent leurs textes tout prêts à être imprimés. Jusqu'à présent, je tapais mes manuscrits sur ma machine à écrire électronique, et là, pas de difficultés. Mais pour rentrer dans les *desiderata* actuels de l'édition, cela ne fait plus l'affaire. J'ai bien pensé à faire faire le travail par quelqu'un de l'extérieur, mais cela ne résoudrait rien et me compliquerait plutôt la vie : au moindre changement de paragraphe ou autre modification, il faudrait faire appel à cette aide extérieure. Le bagne, quoi…

Donc, la seule solution intelligente, mais hors de portée dans l'état actuel, c'est que je me décide enfin à me mettre à l'ordinateur pour tout faire par moi-même.

— Cela n'est pas difficile et cela s'apprend.

— Je sais. Le problème n'est pas là. En réalité, j'ai peur de cette fichue machine. C'est comme une allergie : chaque fois que je pense que je vais m'y mettre, j'ai des sensations désagréables et j'y renonce. Pouvez-vous faire quelque chose pour moi ?

— Oui : une phobie, ça s'élimine.

— Si vous me guérissez de cette phobie, je vous envoie mon beau-frère qui a la même phobie, et pourtant, il est médecin ! Il va être obligé de s'informatiser à cause des impératifs de la Sécurité sociale.

Diagnostic de cette seconde rencontre : technophobie.

Ces gens dont je viens de relater l'histoire ne sont certes pas les seuls à souffrir de ces types de problèmes, loin de là. Ces exemples très caractéristiques de technostress et de technophobie sont d'ailleurs bien plus épidémiques qu'il ne semble à première vue. Il existe en effet des personnes qui vont même jusqu'à vitupérer contre leur téléphone portable ! Quant au nombre de celles qui sont terrorisées à l'idée de devoir apprendre des logiciels informatiques…

Le droit à l'erreur, avec les NTIC, c'est fini

J'ai rencontré ces deux personnes, il y a maintenant pas mal d'années. Leurs témoignages m'ont alors mis au fait de ce genre de difficultés, et je suis devenu plus attentif à leurs manifestations. J'ai ainsi pu constater qu'en réalité, une foule de gens ont eux aussi « peur des machines », y sont réfractaires et sont technostressés ou technophobes. Le problème vient d'ailleurs principalement des ordinateurs, mais pas exclusivement. Magnétoscopes, machines diverses en électroménager, voire téléphones portables à la programmation compliquée sont autant de sources de technostress et de technophobie.

Tout récemment encore, j'ai revu par hasard Pierre, un copain perdu de vue depuis près de 15 ans. Il est docteur en biologie et maître de conférences à la Faculté de pharmacie. Nous déjeunons ensemble et parlons de nos parcours respectifs tout au long de ces dernières années. Inévitablement, les sujets « informatique » et « Internet » viennent sur le tapis.

— Ah, tu aimes ça ? me demande-t-il.

— Pas toi ?

— Bon, je m'en sers parce que je n'ai pas le choix.

Mais je ne raffole pas de ces technologies. D'ailleurs, si tu m'envoies un courrier électronique, il m'arrive à l'université : je refuse d'avoir un de ces engins à la maison !

La conversation se poursuit sur ce thème. Puis à un moment donné, Pierre ajoute :

— Aujourd'hui, on n'a plus droit à la rature, il faut que tout soit parfaitement présenté. Quand j'ai fait ma thèse, il y a 12 ans, le traitement de texte n'était pas courant et on travaillait encore avec des moyens artisanaux : à la machine à écrire. Et les équations étaient faites à la main. Je me souviens qu'il y avait des corrections manuelles à certains endroits et qu'aucun membre de mon jury n'a fait de remarque à ce propos. Ça ne se passerait plus du tout comme cela, maintenant qu'il y a l'informatique pour traiter les textes et les mettre en pages à la perfection.

Et Pierre a raison, car de nos jours le droit à l'erreur est bien mince. Mais est-ce un mal pour autant ? Sans doute que non : la « belle ouvrage » est mieux que la moins réussie, n'est-ce pas ?

Technostress et technophobie

Donc, nombre de personnes sont aujourd'hui plus ou moins « allergiques » aux machines informatisées. Mais cette attitude peut leur être très nuisible en ce qui a trait à leur évolution professionnelle et, tout simplement et au premier degré, à leur capacité à « rester dans le coup », à vivre dans notre temps où tout est marqué par la vitesse. Ainsi, cette allergie les empêche d'appartenir à part entière à un univers où il est question d'accessibilité des informations, de communication quasi instantanée, de traitement ultrarapide des données (lesquelles peuvent juste être le budget d'un ménage) et aussi d'outils de créativité presque sans limites, bref, d'accéder à toutes ces choses permises par les NTIC. Parmi ces réfractaires, j'ai pu voir :

- Une secrétaire dont l'entreprise va s'informatiser, et qui panique à la seule idée de « devoir se mettre à l'ordinateur », ce qui déclenche en elle des troubles psychosomatiques : palpitations cardiaques, spasmes digestifs.
- Une autre secrétaire dont le patron veut qu'elle suive une formation lui permettant de maîtriser un logiciel de publication assistée par ordinateur (alors qu'elle sait déjà faire du traitement de texte) et qui, une fois dans la salle de cours, se sent le cerveau paralysé et se dit, angoissée : « Ça ne me rentre tout simplement pas dans la tête ! »
- Un magasinier qui s'affole à l'idée de devoir bientôt gérer son stock « avec un de ces engins du diable », pour répéter ses propres termes.
- Un acheteur dans le secteur du textile qui sait que sans ordinateur et Internet, il ne pourra pas trouver toute l'information qui lui permettra de continuer à être performant dans son travail, mais qui ne se résout pas pour autant à s'y initier.
- Un représentant dont le patron attend qu'il se familiarise avec l'informatique (pour qu'il puisse dialoguer avec ses clients et prendre leurs commandes en temps réel et sans erreurs) et que cette seule perspective fait pâlir.
- Un cadre de 50 ans, passant d'une entreprise familiale à l'ancienne mode (et qui a déposé son bilan, peut-être précisément à cause de ce fonctionnement inadapté) à une structure plus grande et moderne au sein de laquelle, horreur, il va devoir

travailler, entre autres, en réseau informatique avec les autres services.

- Une étudiante qui doit rendre son mémoire de maîtrise et qui réaliserait cela bien mieux, plus vite, à moindres coûts et exactement comme elle le veut, si seulement elle pouvait s'habituer à l'idée de faire elle-même cette opération sur un ordinateur.
- Une personne souhaitant monter une association à but non lucratif et à vocation humanitaire, et qui est terrifiée à l'idée de devoir utiliser un ordinateur personnel pour parvenir à ses fins.
- Un graphiste qui a besoin, pour placer son travail, de le peaufiner sur Mac[1], mais qui se dit qu'il n'y arrivera jamais.
- Une restauratrice qui voudrait écrire son courrier, créer elle-même ses cartes de menus au fur et à mesure des changements de recettes, faire ses documents publicitaires pour aviser sa clientèle des soirées à thème qu'elle organise, et qui y renonce par peur de ne pas arriver à comprendre comment tirer tout cela d'un ordinateur personnel. Pourtant, elle y gagnerait en argent, en temps, en indépendance, en n'étant plus, par exemple, tributaire d'un imprimeur.
- Un musicien qui voudrait ajouter des sonorités synthétiques à ses compositions sur instruments acoustiques et les mixer de certaines façons, sortir des partitions parfaites pour les livrer à la SOCAN ou à la SACEM[2] — autant d'opérations permises par l'ordinateur —, mais qui abandonne ce projet par peur de la difficulté (en réalité, par peur de la machine !).

1. Dénomination usuelle de l'ordinateur majoritairement utilisé par les graphistes et les imprimeurs : le MacIntosh.
2. SOCAN et SACEM : organismes canadien et français qui gèrent pour le premier les droits des auteurs, des compositeurs et des interprètes canadiens, et pour le second, les droits des compositeurs, des paroliers et des cinéastes français.

- Une maîtresse de maison qui pense que ce serait bien de « se mettre à l'ordinateur » pour gérer son budget et envoyer de belles lettres, bien présentées et corrigées grâce au correcteur orthographique (elle doute fort de son orthographe !), mais qui ne s'y résout pas, par crainte de « ne jamais y arriver ».
- Une jeune femme, un peu déprimée, un peu seule, un peu timide et qui aimerait bien correspondre avec des gens d'un peu partout dans le monde, mais qui ne se sent pas encore assez confiante pour le faire « en chair et en os ». Par écrans et Internet interposés « ce serait si pratique, sauf que j'ai une peur bleue de ne pas savoir y faire avec ces engins ! »

Et j'en oublie beaucoup de ces personnes phobiques-des-machines ou au moins technostressées que j'ai pu rencontrer dans les formations que j'anime ou à mon cabinet.

Par contre, les enfants...

Or, les enfants, eux, se familiarisent très vite avec l'ordinateur, dont le surnom le plus courant est : « la bécane ». Pourtant, ils n'ont pas encore le bagage intellectuel de ces adultes terrifiés par les machines, soit souvent bac plus quelque chose, voire un doctorat. Les enfants trouvent qu'il est simple, facile et évident de donner des instructions aux ordinateurs. Allez donc dans un magasin dans le rayon informatique et observez-les. Vous en verrez, main sur la souris, concentrés et efficaces. Ils ne se posent pas de questions, ils agissent, essayent, ratent, recommencent, apprennent, réussissent. Ils n'ont rien qui ressemble à une phobie des machines !

Alors, où se situe vraiment le problème, s'il n'est pas dans la difficulté de manipulation de ces machines ?

Il réside dans l'interprétation que l'on se fait des machines.

Nos enfants sont arrivés dans un monde où les machines sont omniprésentes, ils sont presque nés « avec les doigts sur une console ». Ils savent que leurs mains sur les touches donnent des ordres auxquels l'engin obéit. Au contraire, l'adulte qui est réfractaire à ces engins croit plus ou moins confusément que la machine va le dominer de sa supériorité, lui prendre sa place, finir par le réduire en esclavage.

Esclave ou maître des machines ?

C'est donc une sorte de mythologie qui fait toute la différence et explique ces deux réactions face aux engins électroniques. Les machines sont-elles vos esclaves ou vos maîtres ? Là est donc toute la question. Et c'est de votre conviction face à l'une ou l'autre de ces deux perceptions que vont dépendre vos aptitudes, votre habileté et votre aisance envers ces appareils si divers qui rendent possible les NTIC.

Mais dans les faits, avez-vous encore vraiment le choix d'en rester à distance ? Comme vous allez l'apprendre dans le prochain chapitre, les machines à puces[3] et autres ordinateurs personnels sont d'ores et déjà très répandus dans tous les secteurs de votre vie. *Ces appareils sont des marqueurs inamovibles du présent, ils sont l'avenir* et vous allez bien être obligé de vous y faire. Mieux encore, vous allez devoir leur donner vos ordres, leur imposer vos directives, les maîtriser. Ils doivent vous obéir, car ils sont là pour vous faciliter la vie (pas pour vous la compliquer !) et donc pour vous « déstresser ». Alors, au lieu d'être technostressé ou technophobe, il est temps que vous passiez enfin au statut de maître de ces serviteurs que sont, en fait, ces trucs à télécommande, à puces et à

3. Puce électronique : composant électronique comportant un nombre important d'autres composants miniaturisés, soit les transistors.

programmes, à souris et à claviers : les ordinateurs personnels et tous les autres engins électroniques liés à notre vie moderne.

Vous pouvez maintenant tourner la page et découvrir pourquoi il est important — non, vital ! — que vous franchissiez ce pas qui vous mène vers la guérison de cette sorte d'allergie aux machines. Pour vous, à l'issue d'une telle démarche, il y aura certainement des résultats probants : plus d'estime de vous, de meilleurs moyens d'action, des possibilités d'économiser de l'argent, des chances supplémentaires de succès. Et aussi, je peux vous l'assurer, du plaisir ainsi que la stimulation de votre cerveau et de votre créativité. Sans oublier une belle ouverture de votre mental, garante d'une longue jeunesse d'esprit.

Dans le chapitre suivant, vous allez découvrir le monde tel qu'il est en réalité, mais aussi comment les machines gèrent aujourd'hui ce monde tous azimuts. Vous pourrez aussi vous familiariser avec la célèbre « Toile » (le Web) et constater par vous-même toutes les perspectives qui s'ouvrent à vous grâce aux NTIC.

2

BIENVENUE DANS L'ÈRE DES MACHINES

Pour bien entreprendre votre guérison de technostressé ou de technophobe, vous avez tout d'abord besoin d'en savoir davantage sur les machines. On ressent en effet beaucoup moins de réactions de crainte envers ce qui est connu qu'envers ce qui reste mystérieux.

> *Vous qui croyez n'être pas concerné par ces bouleversements, détrompez-vous : un jour, sous une forme ou une autre, ils vous rattraperont, car la révolution de l'information promet d'être au XXIe siècle ce que la révolution industrielle fut au XIXe.*
>
> DOMINIQUE NORA, JOURNALISTE ÉCONOMIQUE

Croyez-moi, j'ai mis dans ce livre toute mon énergie et ma force de conviction pour vous convaincre que les machines électroniques programmables sont vos amies, vos servantes, vos esclaves et qu'elles ont juste été créées pour vous obéir, à condition que vous appreniez à leur donner des directives. Elles sont le prolongement de vos mains et de votre cerveau : en quelque sorte, elles sont pour vous *des suppléments de mains et de cerveau.* Mais auparavant, je dois vous brosser un tableau horrifiant de ce qui pourrait nous attendre dans l'avenir à cause de ces engins. Paradoxal ? Pas tant que cela (et n'oublions pas l'humour).

L'ère des machines

L'avenir est sous la marque des machines. Et cet avenir, c'est déjà aujourd'hui, c'est toujours demain et c'est encore plus après-demain. Que cela plaise ou non, nous sommes entrés dans l'ère des machines, et dans les pays occidentaux, TOUT passe désormais par l'informatique et l'ordinateur.

Alors, *avez-vous encore le choix ?* Vous pourriez mettre toute votre énergie à soupirer en regrettant un passé prétendument idyllique et à souhaiter son retour, sans que rien de tel se passe. Ces fameuses années 1960-1980, où les ordinateurs étaient encore pour beaucoup de gens de rares et plus ou moins mythiques gros trucs, servis par des militaires et des scientifiques, et occupant des étages entiers, sont à présent bien révolues. Les ordinateurs personnels actuels sont plus puissants que ces dinosaures de la préhistoire de l'informatique et n'importe quel cerveau humain peut les utiliser après un peu d'apprentissage et sans technostress ; car avec les progrès des technologies, tout a été miniaturisé, tout s'est trouvé facilité, tout s'est démocratisé.

De nos jours, dans tous les pans de l'économie, du travail, des communications et de la recherche, de nouveaux ordinateurs occupent une place de choix et ils ont fini par tenir, pour la plupart d'entre eux, dans un espace de moins d'un quart de mètre cube.

Songez aussi que la population mondiale a presque doublé depuis ces 40 dernières années et que les échanges internationaux se sont également multipliés de façon exponentielle. Par conséquent, la quantité d'information qui circule en tous sens dans notre monde est colossale, totalement impossible à chiffrer, absolument inimaginable.

Donc, que cela vous agrée ou non, vous vivez déjà dans l'ère des microprocesseurs[1], des puces et des programmations. Il y en a même beaucoup chez vous. En effet, votre machine à laver, votre nouvelle machine à coudre ou à tricoter, votre four à micro-ondes, vos thermostats, votre magnétoscope, votre système d'alarme et bien d'autres de ces appareils utiles à votre confort comportent des puces électroniques et exigent de vous que vous les programmiez. Déjà, en 1983, chaque foyer américain possédait en moyenne une vingtaine de ces puces. Et l'on peut présumer qu'aujourd'hui les foyers en comportent bien davantage.

L'entreprise où vous travaillez utilise également des machines informatisées, ou alors, si ce n'est pas le cas, elle risque d'être bien vite en perte de vitesse et en danger de faillite ! Votre banquier gère votre compte, votre médecin votre dossier-santé et l'assurance maladie administre vos dépenses-maladies... avec l'informatique.

Vous prenez le train, l'avion ? Les horaires, les billets, la tour de contrôle... toujours des ordinateurs. Sans eux, plus rien ne fonctionne, pas même le métro ni les feux de circulation. Pour l'électricité ou le gaz dont vous avez besoin pour votre cuisine ou pour vous chauffer : des machines. Pour les approvisionnements en nourriture de votre supermarché : des machines. Dans toutes les administrations et ministères : des machines. Pour la Bourse ou les jeux de hasard : des machines. Pour la météo, si utile à l'agriculture, à la navigation ou pendant vos vacances : des machines. Et j'en passe. On peut même trouver des puces insérées sous la peau des vaches afin de contrôler leur état

1. Microprocesseur : puce électronique spéciale très complexe ; c'est le centre moteur de nos ordinateurs.

de santé, ou encore placées sur des animaux sauvages à des fins de recherches scientifiques.

En ce début de IIIe millénaire, le parc d'ordinateurs est estimé à plus de un milliard dans le monde, soit un pour six habitants ! Quant au nombre de puces, en 1999, il dépassait les 40 milliards, soit 6,6 puces par être humain, du bébé au vieillard. L'homme le plus riche du monde, Bill Gates, a d'ailleurs bâti sa fortune à partir de rien sur cette extension, cette généralisation de l'usage des NTIC, et cela en seulement 25 ans ! Et le mouvement s'accélère.

La pagaille généralisée, si…

Alors, comment pourrait-on retourner en arrière ? En fait, il n'y aurait qu'un seul moyen pour cela : c'est qu'un cataclysme général se produise et mette en pièces une grande part de la population humaine, ses acquis, ses créations, ses connaissances et ses techniques. Bien entendu, personne ne souhaite cela.

Si, par une aberration quelconque, il advenait que les machines s'arrêtent subitement de fonctionner, tout le système mondial s'effondrerait et ce serait la pagaille généralisée, la fin d'un monde, le nôtre. Fin des circuits de l'argent et des communications. Fin des médias et des transports, hormis le vélo et la charrette à bœufs ou à cheval, car il n'y aurait plus guère d'accessibilité aux carburants.

Et il n'y aurait rien qui pourrait alors remplacer les machines, parce que la population mondiale est dès aujourd'hui trop nombreuse et qu'avec six milliards d'humains aujourd'hui sur la terre, le retour aux conditions de la première moitié du siècle dernier n'est pas un seul instant envisageable. Le retour à l'ère du seul papier et de la transmission de l'information avec des jours de retard : quelle horreur ! Cela serait la fin de ce qui fait les charmes de notre culture[2], de notre confort et de nos facilités.

Songez-y juste un instant. Finis aussi les examens médicaux de pointe avec scanner et tests de résonance magnétique, mais aussi les interventions chirurgicales à distance, lesquelles sauvent tous les jours de nombreuses vies. Finie la recherche scientifique, qui aujourd'hui passe complètement et nécessairement par les ordinateurs.

Vous croyez que j'exagère ? Ne le croyez plus, car ce serait pire encore que tout ce que vous pouvez imaginer : la disparition de toutes ces machines équivaudrait ni plus ni moins à la fin immédiate de notre culture.

Mais peut-être vous demandez-vous maintenant pourquoi l'être humain a été assez stupide pour soumettre sa survie culturelle, économique, matérielle, etc., à des engins qui, s'ils nous lâchaient, mettraient tout à terre en quelques semaines ? Si l'être humain s'est doté de ces engins, c'est pour deux raisons majeures.

La première raison, c'est que sans les machines, il est impossible de résoudre tout ce qui doit être résolu — et dans les délais — dans un monde qui a privilégié la technologie en tant que moyen de résoudre les problèmes se posant sur une terre si peuplée et dont la démographie continue de galoper. Bien sûr, rien n'est parfait ici-bas, mais ce serait bien pire sans les NTIC. Ainsi, l'invention des machines ne signe pas la stupidité de l'être humain, mais sa magnifique capacité à créer des outils pour résoudre les problèmes auxquels il doit faire face.

---

2. Je ne méconnais pas les méfaits, les abus et les crimes contre l'environnement de notre culture occidentale pour autant. Écologiste dans l'âme, je pense néanmoins que les machines sont un moindre mal et permettent d'économiser de l'énergie et des ressources naturelles.

La deuxième raison, c'est que, contrairement à la mythologie paranoïaque antimachines, celles-ci ne nous veulent pas de mal. Elles ne sont pas habitées par quelque démon guettant le moment propice pour s'abattre sur l'humanité comme une sorte de châtiment suprême. D'ailleurs, elles n'ont ni personnalité ni volonté propres, ne cultivent aucune vindicte, ne complotent pas dans notre dos. En fait, comme je l'ai déjà dit, elles sont des servantes, des esclaves qui n'ont aucune arrière-pensée, précisément *parce qu'elles ne savent pas penser,* et qu'elles ne savent juste calculer qu'à l'aide de deux chiffres : 0 et 1.

Et la parano ?

Cela dit, peut-être vous dites-vous que les machines ne sont rien sans les diaboliques cerveaux humains qui s'en servent en ayant pour desseins de se rendre maîtres du monde. Big Brother[3], en somme ? Pardonnez-moi, mais pour reprendre une expression à la mode, cela est de la parano et émerge tout droit des écrits de science-fiction des années 1960 ou encore des scénarios de quelque *James Bond* ou autre fiction du même genre : *c'est du cinéma.* Dans les chapitres ultérieurs, je vous expliquerai pourquoi.

Dans le même ordre d'idées, vous avez peur d'être fiché et suivi à la trace ? Désolé de vous le dire, mais vous l'êtes déjà, et ce, depuis au moins deux décennies, ce qui ne vous a apparemment pas empêché de vivre plutôt tranquillement jusqu'ici. Aucun technostress, aucune technophobie ne changera ce fait ni ne vous sortira des multiples fichiers dans lesquels vous figurez déjà : dans les administrations, dans les services de santé, à la poste, dans quantité d'entreprises.

Maintenant, si l'on examine ce qui se passe *vraiment* aujourd'hui dans le monde, on constate que c'est dans les pays où se trouvent

3. Je reviendrai sur le mythe de Big Brother dans la seconde partie de ce livre.

le plus de ces machines qu'il y a aussi le plus de démocratie. Par exemple, des pays tels l'Iran, la Chine, nombre de pays africains et bien d'autres de par le monde qui ne brillent pas par leur esprit démocratique, sont très peu équipés en NTIC. C'est aussi dans les pays bien équipés en NTIC que les conditions de vie sont les meilleures, même si les choses n'y sont pas parfaites et qu'on peut y déplorer de grandes disparités entre les diverses couches sociales. Toutefois, encore là, il faut bien constater que ce sont le plus souvent *ceux qui n'ont pas peur des machines et qui les utilisent couramment qui y vivent le mieux.*

C'est donc devenu une règle du jeu de la vie, pour aujourd'hui et pour l'avenir, que de devoir se familiariser avec ces fameux engins électroniques : pour avoir, ou maintenir, ou se créer une place au soleil, des facilités, du confort, et une vaste ouverture au monde et à toutes les sources du savoir.

Internet

> *Internet, réseau des réseaux, qui connaît un développement fulgurant et sera la technologie dominante des prochaines années.*
>
> Yves Lasfargue, membre du Conseil Scientifique de l'Agence Nationale pour l'Amélioration des Conditions de Travail

Internet, vous savez ce que c'est ? C'est le Web, c'est-à-dire la Toile, comme une toile d'araignée, qui se tisse et qui étend ses fils dans toutes les directions, pour finir par englober la Terre entière dans ses rets. Que voilà donc une magnifique image, dans le genre affreux, n'est-ce pas ?

C'est même pire que cela : Internet, ce sont des millions d'ordinateurs — dont le vôtre, quand vous vous brancherez à votre tour au réseau — pouvant dialoguer les uns avec les autres, échanger des informations, et, qui sait, s'épier peut-être plus ou moins en douce. Car comment savoir si un machin-espion ne va pas, par des voies électroniques, fouiner dans votre ordinateur personnel pour y lire votre journal intime, pour accéder à votre comptabilité privée, pour pirater votre thèse de doctorat, ou encore pour savoir à quel genre de choses vous vous intéressez ?

Comme vous allez le constater, il est vrai que tout cela est et sera possible.

Dans les faits, Internet peut aussi devenir une espèce de cerveau électronique super-géant. Déjà de nos jours, on peut mettre, par Internet, des centaines de milliers d'ordinateurs familiaux — le vôtre, le mien — à la disposition de la science. Par exemple, les scientifiques du projet SETI[4] de l'université de Californie demandent aux internautes[5] de bonne volonté de leur « prêter » la puissance de calcul de leur ordinateur pour les aider à décoder l'immense masse des signaux en provenance de l'espace. Ainsi, par Internet, l'ordinateur de chacun de ces internautes reçoit une petite partie des données brutes recueillies par les radiotélescopes, les traite et renvoie les résultats à SETI. En 1999, 300 000 internautes de par le monde (dont moi-même) avaient déjà accepté de participer à ce projet baptisé *Seti@home,* lequel est alors devenu, et de loin, le plus grand calculateur du monde[6].

Par ailleurs, vous voudriez peut-être aussi savoir ce qui se passerait si on utilisait une telle puissance pour le mal ? On ne le sait pas vraiment. Notez bien que nombre d'hypothèses calamiteuses

4. SETI : sigle de Search for Extraterrestrial Intelligence. Le projet SETI vise à rechercher des signaux émis par une intelligence extraterrestre au moyen de la radioastronomie.

5. Personnes explorant le réseau mondial Internet.

6. Source : *Sciences et Avenir,* mai 1999.

voient régulièrement le jour et font état de diverses formes de guerres rattachées à l'utilisation d'Internet.

Parmi ces hypothèses, citons l'*infowar,* la guerre informatique. Comment une telle guerre pourrait-elle se dérouler ? Tous les rouages d'un État ou d'un groupe d'États sont aujourd'hui reliés et activés grâce à l'informatique : l'économie, la défense, la santé publique, l'éducation, la technologie et la science, les relations internationales, les télécommunications, etc. Il s'agit donc, pour d'éventuels attaquants, de brouiller et/ou de pervertir les données des serveurs[7] de ces instances pour les rendre inutilisables. Par exemple, en mars 1999, au début de la guerre du Kosovo, les serveurs de l'OTAN reliés à Internet ont subi une saturation, c'est-à-dire un afflux de connexions établies par un grand nombre de partisans de Slobodan Milosevic, provenant de Serbie, mais aussi d'ailleurs. L'engorgement qui en a résulté a contribué à paralyser passagèrement ces serveurs. Ce problème a été toutefois rapidement résolu, faisant de cette paralysie un bref incident de parcours.

Ce genre de risque lié à l'*infowar* est bien connu des gouvernements, qui effectuent régulièrement des exercices de simulation visant à imaginer tous les scénarios possibles, afin de trouver des moyens de défense pour contrer toutes les éventualités. Mais sur le plan individuel, nous ne pouvons rien faire contre ces dangers qui menacent les États. Par conséquent, ne nous mettons pas martel en tête et laissons les informaticiens de haut niveau s'occuper de cela.

Il y aurait aussi un autre type de guerre pouvant être provoqué par le biais d'Internet, une guerre de nature économique celle-là, visant à déstabiliser les marchés financiers, créant ainsi un cycle

7. Serveurs : gros ordinateurs servant à fournir un service à d'autres ordinateurs d'un réseau et sur lesquels on se connecte pour trouver les informations ou les services désirés.

infernal de faillites et de crises monétaires. Les différentes Bourses du monde sont très vulnérables aux mauvaises nouvelles, *vraies ou fausses,* et peuvent plonger très vite dans des krachs boursiers se propageant de façon fulgurante. De surcroît, les places boursières ont des bases de données[8] informatiques. S'il advenait que ces bases de données soient perverties par voie électronique par quelque organisation mal intentionnée, il y aurait là également un résultat catastrophique. Toutefois, ici aussi, le même commentaire s'impose : ces périls sont connus et des petits génies planchent dessus.

En fait, aux États-Unis, dès 1999, le budget alloué à la recherche sur la protection contre le terrorisme par l'informatique est équivalent au budget destiné à prémunir ce pays contre les armes de destruction massives : bombes, missiles, armes chimiques et bactériologiques[9].

Si ces risques collectifs existent bel et bien, quels sont plus particulièrement les risques qui concernent directement l'individu ? Voici quelques possibilités.

Voici de quoi technostresser !

Dans Internet ou encore par des logiciels[10], des virus informatiques peuvent être inoculés aux micros[11] personnels et, par ce biais, rendre leurs programmes inopérants et effacer des données. Au printemps 2001, le fameux virus *I love you,* envoyé par un internaute philippin,

8. Base de données : regroupement et organisation d'informations, et mise à disposition de leur consultation.

9. Source : *Ça m'intéresse,* n° 221.

10. Logiciels : voyez la définition dans le chapitre « Cerveau humain et cerveau électronique ».

11. Micro : abréviation courante pour micro-ordinateur, c'est-à-dire un ordinateur personnel.

a défrayé la chronique en paralysant des centaines de milliers d'ordinateurs dans le monde.

À l'aide d'Internet ou de certains logiciels, de grandes sociétés commerciales désireuses de déterminer votre profil sont en mesure de placer un « mouchard » informatique dans votre ordinateur, qui peut transmettre des données personnelles et des renseignements vous concernant : identité, âge, sexe, sites Web habituellement visités, nature des logiciels installés sur votre ordinateur. Une telle pratique pourrait s'apparenter à une sorte de « violation de la vie privée ». En 1998, une grande entreprise s'y est risquée, soulevant un tollé général, si bien que sa tentative a été rapidement abandonnée. Mais il faut savoir qu'il y a dans le public des passionnés d'informatique capables de mettre au jour ce genre d'agissements, de tirer la sonnette d'alarme dans les médias et de trouver des mesures de protection.

Internet peut donc être d'égale manière un outil terriblement efficace pour vous suivre dans vos goûts et vos dégoûts, et pour vous pister et vous retracer si vous êtes pervers (un pédophile, par exemple), ou bien encore pour vous proposer des produits qui ont de grandes chances de vous faire sortir votre carte bancaire. Bien sûr, vous serez d'accord avec moi, il est important d'empêcher les pédophiles de nuire. Par ailleurs, ce n'est pas parce qu'on vous propose des bandes dessinées psychédéliques, en ayant déterminé que vous êtes un fan des *seventies,* que vous êtes obligé d'acheter ce produit. Vous devriez être assez grand pour exercer votre libre arbitre.

Alors, faut-il avoir peur du Net[12], de la Toile ? Non ! Les risques que je viens d'évoquer sont à relativiser, car les moyens de défense existent sous forme de détecteurs de « mouchards », de logiciels anti-intrusion (coupe-feu) et de logiciels antivirus.

12. Net : abréviation courante d'Internet.

Il n'y a pas de quoi technostresser, car Internet, c'est génial !

Or, la science moderne a mis entre nos mains tous les instruments nouveaux de formation et d'invention. Rien ne manque pour relever le défi, sauf de le reconnaître et de se mettre à l'ouvrage.

JEAN-JACQUES SERVAN-SCHREIBER, POLYTECHNICIEN

Au bénéfice des suspicions évoquées relativement à l'informatique et au Web, par prudence, ne faudrait-il pas tout de même renoncer à aimer les NTIC ? Certainement pas. Toutefois, avant de vous dire pourquoi, je veux vous montrer le revers de la médaille et insister sur les aspects positifs d'Internet.

Pourquoi allez-vous naviguer dans le Net ? Parce qu'il est la plus colossale source d'informations tous azimuts qui existe. Où trouverez-vous rapidement les renseignements sur les départs des trains, demain, pour Paris, ou sur les horaires des vols de mardi prochain pour Montréal ? Ou sur le numéro de téléphone de tante Marie, que vous avez malencontreusement égaré, alors que vous en avez bien besoin, puisque c'est son anniversaire aujourd'hui. Ou sur les résultats de tel jeu ? Comment décommanderez-vous ce livre dont vous ne voulez plus, alors que c'est aujourd'hui la date limite pour le faire et qu'il est donc trop tard pour envoyer un courrier ? Ou encore, comment consulter l'état de vos comptes bancaires et faire, à partir de chez vous, le virement nécessaire, ce jour même ? Tout simplement dans Internet !

Et ça, ce n'est que le moins que le Web puisse faire pour vous. Car il y a mieux. Une de mes amies, amoureuse d'un beau Québécois, dialogue avec lui plus de une heure par jour, pour un prix qui varie entre 35 et 45 dollars par mois. Savez-vous combien cela leur coûterait si cette conversation Montréal-Paris se passait au téléphone ? Communiquer dans Internet, ce n'est vraiment pas cher.

Et puis, imaginez que vous ayez besoin d'une information parue dans le *Times* de Londres, mais que vous n'ayez pas accès à ce journal. Eh bien ! Il vous suffit d'aller consulter ses pages dans Internet, comme celles de la plupart des journaux du monde entier.

Vous vous intéressez à une question précise, par exemple au calendrier aztèque ? Vous lancez une recherche dans Internet et les informations vous parviennent sans délai à domicile sans que vous ayez à vous rendre dans une bibliothèque ou chez un libraire. Gain de temps, accès à différents « sons de cloche », c'est-à-dire à l'opinion de divers auteurs sur un même sujet, telles sont, entre autres, les possibilités de recherche documentaire qu'offre Internet à ses utilisateurs. En fait, le Web est la plus grande bibliothèque qui soit, *la vraie bibliothèque de Babel.*

Par ailleurs, vous avez envie de parler de vous, de vos idées, de vos projets, et de vous présenter ? Internet est là pour cela, et des gens du monde entier pourront connaître de vous tout ce que vous voudrez bien leur livrer.

Et puis, sur le Web, il y a des catalogues, des descriptifs d'objets et de musiques, des programmes informatiques, des articles scientifiques, des connaissances abondantes sur TOUS les sujets pouvant vous intéresser. Il y a aussi d'autres êtres humains, partout dans le monde, avec lesquels vous pouvez communiquer, plaisanter, jouer, créer.

Mais peut-être avez-vous aussi, ou aurez-vous, quelque chose à vendre ? Il est certain que l'informatique et Internet ont d'ores et déjà créé le plus gigantesque marché de la planète, le marché ultime : on y trouve TOUT. Les amateurs de vos produits — que ce soit de l'huile d'olive artisanale, des produits de l'érable, des sessions de formation et des disques compacts de relaxation et de développement personnel ou encore de musique — vous cherchent déjà sur le Web. Si vous n'y figurez pas, vous serez rapidement mis hors course, parce que toute une partie de vos clients potentiels ne vous trouvera pas. En revanche, ils iront voir sur le site Web de la concurrence. Sur le Net, il y a des boutiques, des centres commerciaux du monde entier, des bureaux et des entreprises, des prestations de services, tout autant que des forums de discussion. Nous pouvons donc choisir, acheter, vendre, marchander, investir, négocier, flâner, débattre et nous rencontrer dans le Net.

Donc, Internet, c'est génial ! Et vous voudriez passer à côté de toutes les possibilités qu'il vous offre — soit le monde entier à portée de votre main et chez vous — seulement parce que vous êtes technostressé, voire technophobe ?

Peut-être pensez-vous que grâce à votre téléviseur vous avez déjà le monde à votre portée ? Cela n'est pas tout à fait vrai, car vous n'avez là que ce qui vous est proposé, soit des émissions et un choix de programmes qui, pour être large grâce au câble et aux satellites, n'en est pas moins tributaire des modes. Avez-vous envie de vous promener à New York, là, maintenant, tout de suite ? La télévision ne vous le permettra pas, mais le Net, oui. Il existe au moins un site qui vous montre presque en permanence des images des rues de cette ville comme si vous étiez à bord d'un taxi jaune new-yorkais.

Internet ? Mettez-vous-y !

Notez encore d'autres raisons qui font que vous n'avez pas d'autre choix que de vous mettre à Internet. En effet, dans peu de temps, quelques années tout au plus, vous contrôlerez votre téléviseur, votre téléphone-visiophone, votre télécopieur ou téléfax, votre courrier (électronique et en temps réel) à partir d'un clavier d'ordinateur et d'un terminal Internet. Vous pourrez passer vos commandes et les payer de manière sécurisée avec un lecteur de carte bancaire implanté dans le clavier. *Et vous aurez tout intérêt à savoir faire cela,* puisque les chèques, qui génèrent de coûteux frais bancaires, vont disparaître au profit de la monnaie électronique.

D'ailleurs, dans un même ordre d'idées, Internet vous permettra aussi de garder votre argent, ce nerf de la guerre, pour l'utiliser de façon plus intelligente et mieux en profiter. Les disques, par exemple, sont souvent bien moins chers en Grande-Bretagne et aux États-Unis qu'en France, et les bonnes affaires sont nombreuses si l'on cherche bien.

Toutefois, pour vous promener, *surfer* est le terme technique, dans tous les sites et les espaces que vous propose le Web, vous devez auparavant guérir de la techno-allergie.

Découvrez maintenant tous les avantages que représentent *pour vous* ces outils électroniques du XXIe siècle

Je vous l'avoue : j'adore les machines. Peut-être suis-je un peu esclavagiste dans l'âme, mais quoi qu'il en soit, j'aime m'en servir et j'aime me faire servir par elles. Les utiliser magnifie mon potentiel de créativité, me rend très largement autonome, me facilite la vie dans presque tous les domaines. De plus, avec elles, je fais des économies et je me sers de l'argent ainsi économisé pour me faire plaisir et faire plaisir autour de moi. En outre, je ne cours jamais le risque de m'ennuyer, puisqu'en cas de désœuvrement (rarissime), j'ai toujours la ressource d'allumer mon ordinateur pour aller faire une virée dans Internet ou pour bavarder avec des amis par courrier électronique ou, mieux encore, en direct grâce à nos *webcams,* nos caméras informatiques. Le technostress, je ne connais pas !

Écrire, créer, acheter, rencontrer...

Tous mes écrits sont tapés ou dictés à l'ordinateur. Grâce à lui, je gère tout seul mes budgets personnel et professionnel. Je mets moi-même en pages tous mes documents, j'y insère des graphiques, des « camemberts » ou des dessins décoratifs. Bien sûr, tout mon courrier est impeccable, bien présenté, sans fautes d'orthographe ou de grammaire. (Ah ! Ces merveilleux correcteurs orthographique et grammatical qui se trouvent dans le ventre de la machine !)

Également, je visionne mes photos et je retouche à mon goût photos et illustrations. De la même façon, je mets au point des programmes vidéo en images de synthèse, je crée et traite des sons, et je compose également toute ma musique... avec mon ordinateur.

À propos de musique, j'ai une passion pour l'extraordinaire musique de transe de Laszlo Hortobagyi, un musicien hongrois qui, lui aussi, compose grâce à ses ordinateurs. Je souhaitais lui parler et j'ai trouvé le moyen d'entrer en contact avec lui par Internet.

Toutes les adresses postales, numéros de téléphone, numéros de télécopie, courriels, etc., de toutes mes connaissances privées et professionnelles, je les retrouve en un clin d'œil d'un tapotement sur la souris. Dans le même registre, avec beaucoup de mes amis et connaissances, nous échangeons nouvelles et informations par courrier électronique, et ce, beaucoup plus rapidement qu'avec le courrier postal. Ainsi, en allumant ma machine, c'est un vrai plaisir de découvrir le « petit coucou » gentil de Philippe ou de Catherine, ou bien une invitation, ou encore un renseignement trouvé par quelqu'un de mon réseau et qui, sachant que cela va m'intéresser, me le transmet par le Net. La notion de réseau devient en effet de toute première importance dans notre culture, car le réseau se constitue de toutes les personnes et instances qui, grâce à Internet, se connaissent et peuvent s'entraider dans la recherche d'informations. C'est à la fois très agréable et très utile, en particulier pour les chercheurs de toutes sortes, du scientifique au collectionneur.

Grâce à Internet donc, je dialogue ou je peux travailler avec des gens passionnants vivant à l'autre bout du monde. Par exemple, j'ai concrètement participé à la mise en pages (une opération compliquée à cause des illustrations) d'un livre, *en temps réel,* en étant à Strasbourg alors que l'éditeur était au Canada, et cela, avec une qualité de transmission que le télécopieur ne permet pas.

Sur cette merveille qu'est Internet, je trouve aussi des informations dont j'ai besoin pour mon travail, mes livres ou mes articles. Sur mon propre site Web, je parle aussi de moi, de mes idées, de mes projets, de mes activités, ce qui permet à des gens de partout dans le monde de me trouver, de me connaître, de me parler, de communiquer avec moi par courrier électronique.

Je peux également me procurer aux États-Unis ou en Australie des produits introuvables en Europe, à des prix attrayants. Entre autres, la plus importante banque de données sur les livres disponibles — qui contient un million de titres — se trouve sur le Web et se nomme : www.amazon.com (soit « amazon.fr » en France ou « amazon.de » en Allemagne). Toujours grâce au Net, je peux acheter à l'étranger des livres, des disques et d'autres choses encore, que l'on trouve certes en Europe, mais qui sont bien moins chers là-bas qu'ici, frais de port compris. Ma mère adore le style nounours en peluche et déco « campagne ». Pour quelques dollars et avec ma carte de crédit, j'achète aux États-Unis de tels bibelots, qui la ravissent au plus haut point quand je les lui offre en cadeau.

Dans le Net, il m'arrive également de jouer à des jeux passionnants, seul ou avec d'autres joueurs qui habitent à New York, à Tokyo ou à Tombouctou. Il m'arrive aussi d'utiliser mon casque 3D pour manœuvrer de manière encore plus réaliste dans certains de ces jeux.

Voilà longtemps que je n'achète plus de cartes d'anniversaire. Savez-vous pourquoi ? La réponse est simple : celles que l'on trouve dans le commerce ne sont jamais complètement dignes de la personne à fêter. Par exemple, une de mes amies, qui répond au joli prénom de Liliane, a une véritable fascination pour les scarabées égyptiens. J'ai donc créé pour elle une magnifique carte sur bristol représentant un scarabée vert et doré. Une autre amie adore les chats. Je lui offre des cartes avec quantité de matous bizarres. Grâce à Internet, j'ai la possibilité de toujours créer des cartes qui répondent précisément aux goûts de mes amis. Les logiciels de dessin regorgent de magnifiques dessins, de photos, de *clip arts* qu'il est possible de prendre et d'utiliser tels quels ou encore de transformer.

Valérie, une autre amie, possède un restaurant, et je lui ai conçu un modèle de carte de menus tout à fait original. Pour Laetitia, la fille de 10 ans de mon ami d'enfance, j'ai également réalisé un menu pour son goûter d'anniversaire ; vous savez, le genre de blague d'un goût douteux du style : chocolat aux vermicules sanglants, gâteau de doigts coupés au sucre candi, glace au suc d'œil de chauve-souris. Enfin, c'est ce qu'elle voulait ! J'ai aussi converti à l'informatique une connaissance qui avait créé une association, et je l'ai aidée à monter ses premiers documents et ses premières publicités. Le club de boules — amateur et désargenté — dans lequel mes parents jouent a eu besoin d'un joli prospectus et d'une affiche pour annoncer son tournoi annuel. Sur qui croyez-vous que cette commande est tombée ? Sur moi, bien sûr, et cela a été vite fait et bien fait. J'ai souhaité avoir de l'information sur le mot sanskrit *skanda* : j'ai lancé une recherche dans Internet et je l'ai trouvée. Jean-Pierre, un ami d'une grande érudition, voulait connaître la totalité des ouvrages de Jacob Boehme disponibles actuellement en librairie : quelques « clics » plus tard, et voilà le renseignement !

Je pourrais continuer encore longtemps cette énumération. Mais peut-être pensez-vous en ce moment (un reste de technophobie ?) : « Ouais, à faire tout cela, il passe tout son temps devant sa satanée machine ! Très peu pour moi. » Eh bien, non, je ne passe pas tout mon temps la main sur la souris ! Pourquoi ? Simplement parce que quand on aime les machines et qu'on a pris la peine d'apprendre à les utiliser et à les faire obéir, elles réagissent vite et bien. Pensez donc : un « vulgaire » ordinateur familial moderne effectue des milliards d'opérations en quelques secondes. C'est vous dire que, la plupart du temps, cela va vite. Seules les activités créatrices prennent plus de temps, mais ce n'est pas à cause de la machine, mais bien à cause du créateur, qui, par ailleurs, y prend vraiment plaisir, puisqu'il a le loisir de créer en disposant d'instruments des plus dociles et efficaces.

Des mots en « ique »

Comme vous pouvez le constater, ce n'est pas seulement pour vous, égoïstement, que vous avez intérêt à éliminer de votre vie le technostress et la technophobie de votre vie. Tout le monde autour de vous pourra profiter de votre nouvelle maîtrise : vos enfants et d'autres membres de la famille, vos amis, des voisins, le club des jeunes d'à côté. Cela dit, il n'est pas non plus indispensable de vous laisser « exploiter », et il vous appartient de mettre des frontières.

De plus, quand vous serez guéri de ces vilaines affections, vous exemplifierez alors pour d'autres le fait que les machines sont nos collaborateurs dévoués, et non nos ennemis. Il est indispensable de développer cette idée, parce que l'avenir est sous le signe du serviteur-machine. Le petit robot aspirateur, cela vous tente ? Moi, oui. Informatique, domotique, robotique, toutes ces techniques sont liées aux nouvelles technologies informatiques.

Alors, pour vous-même, pour votre avenir, pour avancer dans votre profession, pour vos proches, pour votre plaisir et pour l'accroissement de votre efficacité, allez-vous décider de vous guérir du technostress, de la technophobie ? Oui, bien sûr, car y renoncer signifierait rester enfermé dans le XXe siècle et non pas vivre dans le XXIe siècle !

Le marché du travail

Et puis, compte tenu de la réalité du marché du travail, il est devenu tout à fait patent que ce ne sont pas les technostressés, et encore moins les technophobes, mais ceux qui sont à l'aise avec les machines qui se trouvent le plus facilement du travail et qui progressent par la suite. Vous le savez pourtant bien : aujourd'hui, dans la plupart des postes intéressants, il est nécessaire de savoir manipuler un clavier. Par conséquent, les emplois au plus bas de l'échelle et sans possibilités réelles de promotions sont réservés aux personnes allergiques aux machines. Il y a encore pire : certains de ces travaux finiront eux aussi par être pris en charge par les machines. En effet, le robot-de-ménage va bientôt remplacer le technicien de surface, le robot-caisse-enregistreuse en fera autant de la caissière, le robot-distributeur servira les clients à la place de beaucoup de vendeurs. Et ce ne sont là que quelques exemples. Soyez sûrs qu'ils ne relèvent pas de la science-fiction.

Alors, si vous avez envie de vous voir progresser dans votre carrière et de vous adapter efficacement au marché fluctuant de l'emploi, un des suppléments de formation qui vous est indispensable — je dis bien *indispensable* ! — est de vous guérir du technostress, de la technophobie. Il est tout aussi essentiel que vous découvriez tout le plaisir que nous prenons à utiliser ces machines, nous tous qui avons déjà expérimenté tous les avantages privés et professionnels de ces excellents outils du modernisme qui sont au service de notre bien-être, d'une vie plus facile et confortable, et aussi de nos réussites et avancements.

Résumons

Voici, en résumé, les multiples raisons qui font que vous devez vous guérir de ce syndrome de stress, de phobie lié aux NTIC.

POUR VOUS

Parce que le stress et la peur de quelque chose sont des sentiments toujours paralysants et rarement des solutions positives. Pour assurer votre confort, votre efficacité et l'augmentation de vos moyens d'action. Pour vous faciliter la vie, vous rendre autonome, c'est-à-dire largement non dépendant, pour nombre de choses, dont la bonne ou la mauvaise volonté d'autrui. Et aussi pour vous amuser, jouer, seul ou à plusieurs, avec des gens connus ou inconnus, à des jeux passionnants. Également, pour gagner de ce temps que vous n'avez jamais en trop, et l'utiliser ensuite pour les vacances, les loisirs, les plaisirs et les fêtes ou tout autre but qui vous agrée.

POUR VOTRE TRAVAIL/CARRIÈRE

Parce que votre travail et son évolution peuvent exiger ou exigeront de vous la maîtrise des NTIC. Et cela est valable, que vous soyez employé ou patron.

POUR VOS PROCHES

Pour aider vos parents ou vos amis à trouver des idées, des filons, des renseignements, ou bien des produits, des adresses. Pour aider aussi, éventuellement, vos enfants dans leurs travaux scolaires, leurs études et recherches.

POUR VOTRE ARGENT

Pour préserver cet argent que vous n'avez pas forcément en trop et utiliser ensuite ces économies pour qu'elles vous procurent plus de plaisir. Certes, peut-être finirez-vous par investir dans un ordinateur, ce qui, bien sûr, coûte quelque argent. Mais cela peut vous en faire économiser beaucoup en échange !

POUR VOTRE SANTÉ

Vous êtes surpris de trouver ce concept ici ? Mais oui, qu'il s'agisse de phobie ou de stress, voilà un problème de santé psychomentale. C'est une limitation et un amoindrissement de votre personnalité dont vous n'avez nul besoin ! C'est un sentiment peu valorisant pour l'estime et l'image de soi que de se savoir éloigné de son plein potentiel. Au contraire, en guérir, cela vous permet de retrouver une pleine forme psychologique tout en vous démontrant que vous restez ouvert, capable d'apprendre, de dépasser vos limites, de franchir les obstacles et d'aller de l'avant.

POUR VOTRE AVENIR AU XXIe SIÈCLE

Vous ne voulez pas être à la traîne, considéré comme rétrograde ? Non, vous voulez être « dans le coup », et pas « hors du coup ». Et vous voulez aussi être en mesure de vous servir de tous les outils, les moyens et les avantages offerts par le XXIe siècle ?

Le XXIe siècle est sous le signe des machines

Dans un de ses ouvrages, Thomas Kuhn, le célèbre historien des sciences, a affirmé : « L'arrivée d'un nouveau modèle du monde crée toujours une tension entre les tenants de l'ancien système et ceux du nouveau et il faut parfois des décades (sic) pour que la nouveauté soit acceptée par tous[13]. »

---

13. Thomas Kuhn, *La structure des révolutions scientifiques,* Paris, Champs Flammarion, 1983.

Depuis l'arrivée des premiers ordinateurs dans nos sociétés, plusieurs décennies se sont écoulées. Il est donc grand temps que chacun s'y mette et s'adapte à notre nouveau modèle du monde marqué par les NTIC.

ALORS, O.K. POUR VOUS ?

Les perspectives qui se dessinent sont fabuleuses

Notez que, dans quelque temps, vous pourrez sans doute disposer de tout un tas de nouveaux appareils très utiles ou très agréables, pleins de puces informatiques. Si vous persistez à être technostressé ou technophobe, il y a fort à parier que vous renoncerez à profiter de ces possibilités parce qu'elles sont liées à un clavier ou à une souris, ou encore à une programmation plus ou moins compliquée. Pourtant, les perspectives qui se dessinent sont fabuleuses. Jugez-en par vous-même !

- Le visiophone et Internet vous permettront de voir les expressions de votre interlocuteur à l'autre bout du monde, ou la toute nouvelle coiffure de votre fille qui se trouve en voyage à Londres, ou bien la mignonne frimousse de votre petit-fils qui vient de naître à 1500 km de chez vous. Vous pourrez aussi, de Toulouse où vous habitez, montrer vos dernières photos de vacances à vos amis de Montréal. *Car une des caractéristiques les plus remarquables des nouvelles technologies de l'information est qu'elles éliminent les distances entre les gens.*
- Grâce à la domotique[14], vous pourrez aussi gérer, même en en étant très loin, toutes les opérations relatives à votre maison ou à votre appartement. Par exemple, vous pourrez régler la

14. Domotique : terme générique englobant tous les aspects de la gestion de l'habitat (chauffage, éclairage, sécurité, approvisionnements…) assistée par un terminal informatique.

chaleur ambiante ainsi que l'ouverture et la fermeture des persiennes ou des rideaux en fonction de l'intensité du soleil. Votre bain aura coulé à l'heure programmée et à la température idéale pour que vous puissiez vous glisser dedans avec volupté. Le système d'alarme sera efficace en cas d'effraction. Quant à votre repas, tiré tout droit du congélateur, il sera réchauffé pour être prêt au moment exact où vous reviendrez du travail.

- À votre poignet, un bracelet saura mesurer en permanence la température superficielle de votre peau, votre tension et votre formule sanguine ainsi que le rythme de vos battements cardiaques. Une anomalie se présente ? Vous voilà immédiatement alerté et tout prêt à prendre les mesures qui s'imposent. Quelle sécurité pour une personne aux prises avec une maladie cardiaque ou du diabète, ou encore pour une personne âgée ?
- Les robots arrivent et ils vont vous faciliter la vie. Imaginez votre aspirateur qui nettoie votre moquette tout seul et d'excellente façon. Cela vous plairait, n'est-ce pas ? Le robot qui tond la pelouse jusque dans les coins et qui taille également votre haie de thuyas. Voilà qui vous arrangerait bien si vous avez un jardin, non ?
- Plus fort encore !

L'endroit exploré n'a pas besoin d'exister : on peut construire des lieux imaginaires. Dans votre musée personnel, vous déplacerez les murs, ajouterez des galeries, redisposerez les œuvres.

Bill Gates, PDG de Microsoft

Grâce aux NTIC, vous pourrez posséder, virtuellement, votre propre galerie de peinture, votre musée ethnographique ou votre collection d'automobiles de luxe. Vous en arrangerez la décoration et la disposition en vous fiant absolument à votre goût, et ce, en disposant des œuvres les plus inestimables : la *Joconde* ou le *Retable d'Issenheim.*

Toujours virtuellement, vous pourrez étendre votre domaine dans des proportions presque infinies. Vous vivez dans un studio et vous étouffez quelque peu ? Grâce au virtuel, votre ordinateur pourra vous offrir un accès à des espaces supplémentaires de vie, soit la jungle malaise, soit le sommet du Kilimandjaro, les dunes sahariennes, ou même la surface de la planète Mars. Bientôt, grâce à des outils informatiques comme le casque à vision en relief et des gants spéciaux, votre immersion dans ces paysages sera presque totale. Le virtuel, c'est cela : savoir intellectuellement où l'on est, mais *vivre néanmoins complètement, sensoriellement,* dans un ailleurs que l'on s'est choisi. Vous ne serez pas seul dans ces autres territoires, car votre partenaire de vie pourra même vous y rejoindre avec vos enfants, pour qu'ensemble vous visitiez ces paysages nouveaux et expérimentiez ces sensations inédites.

Tout cela et beaucoup d'autres merveilles encore sont à prévoir. Certes, elles coûteront cher au début, mais elles deviendront abordables et accessibles par la suite. Et vous renonceriez à toutes ces merveilles pour cause de syndrome de technostress, de technophobie ?

Et vos perspectives à vous ?

Mais revenons à aujourd'hui. Je l'ai dit et je le redis : l'avenir — non, déjà le présent — est sous le signe de la machine, de l'électronique, de la télécommande programmable et de l'ordinateur.

Et vous ? Votre avenir à vous, sous quel signe s'annonce-t-il ? Sous le signe du succès ? Je l'espère. Sous le signe de l'adaptation, de la maîtrise acquise de ces outils informatiques au service de votre évolution, de votre plaisir de vivre et d'agir, de l'aboutissement de vos ambitions et de vos projets, sans technophobie ni technostress.

Et tout cela pour vous rendre la vie agréable, riche de possibilités et de découvertes.

Surtout, ne vous leurrez pas. Si vous passez à côté de l'adaptation et de la maîtrise des NTIC, je crains fort de devoir vous dire que, comme vous le redoutez au fond de vous, vous ferez effectivement partie des personnes « larguées », des « dinosaures », des « préhistoriques », des « Néandertaliens », des retardataires, des ralentis. Ce qui, dans une époque comme la nôtre, caractérisée par la vitesse, risque de vous laisser sur le bord du chemin ou sur le quai de la gare alors que le train est déjà parti !

Cela dit, mon propos est de vous aider à éliminer technostress et technophobie de votre vie pour que, au contraire, vous soyez « dans le coup ». À présent que vous savez pourquoi vous devez guérir de ces syndromes, je vous propose d'aborder les différents aspects qui sous-tendent votre résistance actuelle à apprendre à devenir un « maître des machines ». Car je peux penser que si vos yeux se posent sur ces pages en ce moment même, c'est probablement parce que vous aimeriez bien vous débarrasser de ce problème, n'est-ce pas ?

Dans les chapitres suivants, vous allez vous apercevoir que, contrairement à ce que vous semblez penser, vous êtes tout à fait *compétent* pour vous atteler aux NTIC, d'autant plus que vous possédez 10 formes d'intelligence là où la machine n'en a qu'une seule ! Plus particulièrement, vous découvrirez dans le chapitre 5 les 10 formes d'intelligence qui vous donnent toute votre individualité en tant qu'être humain.

Mais tout d'abord, établissons ensemble le diagnostic de votre mouvement de recul face aux machines. Dans quelle catégorie de personne vous inscrivez-vous ? Êtes-vous plutôt « parano », « refus », « évitement » ou « balancelle » ? Découvrez-le en faisant le test que je vous propose dans le chapitre suivant.

3

TESTEZ VOTRE TECHNOPHOBIE

Voici donc, pour commencer, un test pour vérifier si vous êtes « gravement » ou « légèrement » atteint de technophobie. Notez bien que ce test ne vous concerne que si vous vous sentez réfractaire aux NTIC.

Vous devez fournir une seule réponse par question, sauf si en cours de test je vous donne d'autres instructions. Il vous suffit d'entourer la lettre correspondant à votre réponse. Pour répondre, laissez parler autant votre instinct que votre raison. Vous trouverez le « diagnostic » après les 25 questions de ce test.

Quelle est la gravité de votre technophobie ?

1. Lequel de ces éléments géométriques vous évoque le mieux l'ordinateur ?
   A. Le cube
   B. Le cercle
   C. Le rectangle

D. Le triangle
E. Le carré
F. Le losange
G. La pyramide
H. La sphère

2. Laquelle de ces couleurs vous évoque le mieux l'ordinateur ?
   A. Le bleu
   B. Le vert
   C. Le rouge
   D. Le jaune
   E. Le noir
   F. Le blanc
   G. Le violet
   H. L'orange

3. Lequel de ces animaux vous évoque le mieux l'ordinateur ?
   A. Le chat
   B. Le scorpion
   C. Le faucon
   D. Le requin
   E. Le dauphin
   F. Le hibou
   G. L'éléphant
   H. Le renard

4. Lequel de ces lieux vous évoque le mieux l'ordinateur ?
   A. Une ville du genre de New York
   B. Une ville de moins de 100 000 habitants
   C. Un gros village
   D. Un lieu-dit
   E. Une maison isolée
   F. Une grotte
   G. Un bunker
   H. Un abri antiatomique

5. Laquelle de ces aires géographiques vous évoque le mieux l'ordinateur ?
   A. Une plage et la mer
   B. Une jeune montagne
   C. Une vieille montagne
   D. Une plaine à la campagne
   E. Un haut plateau (2000 m d'altitude)
   F. Un désert de sable

G. Un désert de pierrailles et d'arbrisseaux épineux
H. Un lac dans un cratère

6. Lequel de ces insectes vous évoque le mieux l'ordinateur ?
   A. Le papillon
   B. Le bousier
   C. La mante religieuse
   D. L'araignée
   E. La coccinelle
   F. Le doryphore
   G. La sauterelle
   H. La blatte

7. Choisissez celle de ces phrases qui vous « parle » le mieux.
   A. Les machines me prendront mon travail.
   B. L'ordinateur, c'est peut-être un esclave.
   C. L'ordinateur est bête.
   D. Décidément, je ne comprendrai jamais comment faire fonctionner ces machines.
   E. Les choses étaient bien plus faciles avant l'invention de l'informatique.
   F. L'informatique me lance un défi.
   G. Que le monde était beau et agréable à vivre autrefois.
   H. Comme le monde serait mieux sans ces satanées machines.

8. Vous devez rester seul pendant un an sur une île déserte (avec tout le confort, mais sans aucun moyen de communiquer avec l'extérieur). Vous emmenez :
   A. Des quantités de mots croisés, des crayons et des gommes.
   B. Des ouvrages de philosophie ou de mathématiques pour vous y initier enfin.
   C. Les 100 meilleurs films vidéo.
   D. Un ordinateur dernier cri et 12 logiciels au choix, avec leurs manuels d'utilisation.
   E. Du papier et des stylos pour écrire votre roman.
   F. Un équipement complet de pêche sous-marine.
   G. Un équipement complet de radioamateur.
   H. Une centaine de bandes dessinées.

9. Vos qualités majeures sont (fournir deux réponses) :
   A. L'humilité
   B. La modestie
   C. L'aptitude à reconnaître vos limites
   D. L'aptitude à relever les défis
   E. La prudence
   F. L'humanité
   G. La pondération
   H. La capacité d'adaptation

10. Vos défauts majeurs sont (fournir deux réponses) :
   A. La rigidité
   B. La difficulté à vous concentrer
   C. Le manque de ponctualité
   D. La vanité
   E. L'égoïsme
   F. La lenteur de pensée
   G. La gourmandise
   H. L'agressivité

11. Pour pouvoir rester maître de vous-même dans les situations difficiles, vous avez besoin :
   A. D'avoir un de vos proches à vos côtés.
   B. D'avoir pris vos cafés habituels.
   C. D'avoir vos pilules sous la main.
   D. D'être mis au défi.
   E. D'avoir un adversaire connu.
   F. D'avoir peur de perdre la face.
   G. D'avoir une vue claire de ce qu'il faut faire.
   H. D'avoir eu toutes instructions utiles quant à la bonne façon de réagir.

12. Vous êtes découragé, à bout. Il vous reste comme ressource :
   A. De fondre en larmes ou de serrer les dents, et de vous reprendre ensuite.
   B. De sortir pour vous changer les idées.
   C. De vous offrir un bon repas ou un cadeau pour compenser.
   D. D'aller voir un proche pour vous faire consoler.
   E. De vous dire qu'il y a pire sur terre que ce qui vous arrive.
   F. De penser : « Rien ne peut avoir ma peau ! ».
   G. De prendre un calmant pour dormir : demain est un autre jour.
   H. De baisser les bras parce qu'il y a bien quelqu'un dans les environs qui vous récupérera.

13. Vous êtes énervé contre quelqu'un parce que :
   A. « Ce débile ne comprend jamais rien ! »
   B. « Il m'a encore fait perdre mon temps. »
   C. « C'est encore et toujours de sa faute ! »
   D. « Pourquoi ne m'a-t-il pas mieux expliqué ce qui devait se passer ? »
   E. « Je n'aurais jamais dû compter sur lui ! »
   F. « Ah, si seulement j'avais fait les choses à mon idée et pas à la sienne ! »
   G. « Pourquoi faut-il toujours que je me coltine des incapables ? »
   H. « C'est toujours comme ça dans cette boîte ! »

14. Ce qui vous déboussole, c'est :
   A. Quand les choses vont vite.
   B. Quand plusieurs informations vous arrivent simultanément.
   C. Quand il faut regarder à deux endroits en même temps.
   D. Quand quelque chose ou quelqu'un vous résiste.
   E. L'absence de buts.
   F. L'inertie des autres.
   G. D'avoir échoué en quelque chose.
   H. La méchanceté du monde.

15. Vous ne saisissez pas le sens de la question que l'on vous pose. Alors :
   A. Vous changez de sujet.
   B. Vous demandez des explications, quitte à donner l'impression que vous avez l'intelligence peu éveillée.
   C. Vous faites comme si vous aviez compris et répondez quelque chose en espérant que cela « collera ».
   D. Vous priez vertement votre interlocuteur d'être plus clair.
   E. Vous accusez votre interlocuteur de confusion mentale, en fonction du principe que « ce qui se conçoit clairement s'énonce clairement ».
   F. Vous faites de l'humour sur la clarté d'esprit de votre interlocuteur.
   G. Vous faites de l'humour sur votre capacité à comprendre.
   H. Vous avez des palpitations cardiaques et des sueurs froides parce que vous ne savez pas comment vous sortir de ce mauvais pas.

16. On vous regarde fixement. Comment réagissez-vous ?
   A. Vous détournez les yeux et vous vous forcez à ne plus regarder dans cette direction.
   B. Vous fixez en retour, avec agressivité.
   C. Vous détournez les yeux, mais vous vérifiez de temps à autre si l'on vous fixe toujours.

D. Vous cherchez un prétexte pour sortir de la pièce.
E. Vous vous dites : « Mon pouvoir de séduction marche bien aujourd'hui ! »
F. Vous êtes trop concentré sur ce que vous faites pour y attacher de l'importance et vous oubliez vite que l'on vous fixe.
G. Vous êtes vraiment mal à l'aise et cherchez du réconfort auprès de quelqu'un pour vous sécuriser.
H. Vous parlez calmement à la personne qui vous fixe pour en savoir plus sur ses motivations.

17. Il peut vous arriver assez facilement de vous laisser aller (deux réponses possibles) :
A. À hésiter entre deux options.
B. À remettre la décision à plus tard.
C. À dévaloriser autrui.
D. À baisser les bras, au découragement.
E. À la déprime, à l'abattement.
F. À l'agressivité et à l'énervement.
G. À prendre des calmants.
H. À mal faire votre travail.

18. Vous vous laissez assez difficilement aller (deux réponses possibles) :
A. À surveiller et à contrôler vos proches.
B. À lancer des invitations.
C. À faire confiance à quelqu'un.
D. À prêter vos affaires.
E. À l'enthousiasme.
F. À faire des confidences.
G. À partager votre travail.
H. Au fou rire en public.

19. Au travail, vous décidez de :
A. Travailler en équipe : c'est plus chaleureux.
B. Travailler seul dans votre coin : vous êtes ainsi mieux concentré.
C. Finir le travail dans tous les cas et quelle que soit l'heure.
D. Partir à 17 heures pile : vous finirez demain.
E. Demander de l'aide quand il commence à se faire tard.
F. Dormir sur un problème professionnel : la nuit pouvant porter conseil.
G. Expliquer préventivement qu'on n'a pas intérêt à vous marcher sur les pieds.
H. Prouver que, sans vous, la boîte aura du mal à tourner.

20. Vous ne supportez pas :
    A. Les faux jetons.
    B. Les « éternels étudiants ».
    C. Ceux pour qui « c'est toujours trop difficile ».
    D. Les ratés et les perdants.
    E. Les joueurs invétérés.
    F. Ceux qui « ont toujours réponse à tout ».
    G. Les orgueilleux et les mégalos.
    H. Les patrons.

21. Vous avez oublié ce rendez-vous. En réalité, c'est parce que :
    A. Ça vous barbait.
    B. Vous êtes patraque en ce moment.
    C. Vous êtes surchargé de travail en ce moment.
    D. Vous étiez complètement absorbé par votre travail.
    E. Vous étiez complètement absorbé par un jeu.
    F. Vous aviez oublié de le noter.
    G. Vous êtes amoureux, ce qui occupe toutes vos pensées.
    H. Vous étiez énervé par un problème ou quelqu'un, ce qui vous a distrait des autres choses.

22. Vous collectionnez (une réponse minimum, plusieurs réponses possibles) :
    A. Les diplômes
    B. Les amis
    C. Les problèmes
    D. Les timbres, les porte-clés, les médailles ou les monnaies
    E. Les livres
    F. Les plantes pour votre herbier
    G. Les disques ou les films vidéo
    H. Les cartes postales des années 1940 à 1975

23. Vous écrivez un livre. Le titre est :
    A. *À la recherche du temps passé*
    B. *Mes mémoires*
    C. *Autant en emporte le vent*
    D. *Les aventures des astronautes du vaisseau spatial Jason*
    E. *L'enseignement de mon gourou*
    F. *Le bréviaire des robots*
    G. *Mon combat contre Moloch*
    H. *Alien 5*

24. Votre devise est :
    A. La vie est un jeu et je joue pour gagner.
    B. La vie est un combat dont on ne sort jamais vivant.
    C. À chaque jour suffit sa peine.
    D. C'est face aux grands défis que je suis le meilleur.
    E. Je vais où mon cœur me porte.
    F. Pierre qui roule n'amasse pas mousse.
    G. L'enfer, c'est les autres.
    H. Le monde est un lieu dangereux, je me tiens sur mes gardes.

25. Le héros ou l'héroïne qui vous émeut le plus est :
    A. Lance Armstrong (ex-cancéreux et très grand champion cycliste)
    B. Pluto (le chien de Mickey)
    C. La princesse Leïa (l'héroïne de *La guerre des étoiles*)
    D. David Copperfield (celui de Dickens !)
    E. Robocop
    F. Napoléon
    G. Indiana Jones
    H. Quasimodo

Maintenant, comptez vos ■ ◆ ❥ ●

Question	■	◆	❥	●
1.	A ou E	C ou D	F ou G	B ou H
2.	C ou E	B ou G	F ou H	A ou D
3.	B ou D	A ou H	C ou F	E ou G
4.	A ou G	E ou F	D ou H	B ou C
5.	F ou H	B ou G	C ou E	A ou D
6.	C ou D	F ou H	B ou G	A ou E
7.	A ou H	E ou G	D ou F	B ou C
8.	A ou E	F ou H	C ou G	B ou D
9.	A ou B	C ou G	E ou F	D ou H
10.	A ou F	B ou H	C ou G	D ou E
11.	A ou H	C ou G	B ou F	D ou E
12.	D ou G	A ou H	C ou E	B ou F
13.	C ou H	A ou B	F ou G	D ou E

Question	■	◆	❥	●
14.	C ou H	A ou B	E ou F	D ou G
15.	A ou E	C ou H	F ou G	B ou D
16.	A ou D	C ou G	B ou H	E ou F
17.	E ou F	G ou H	C ou D	A ou B
18.	C ou F	E ou H	B ou D	A ou G
19.	D ou H	E ou G	A ou F	B ou C
20.	G ou H	B ou F	A ou E	C ou D
21.	A ou H	B ou F	E ou G	C ou D
22.	C ou H	D ou F	B ou G	A ou E
23.	G ou H	A ou B	C ou E	D ou F
24.	B ou G	F ou H	C ou E	A ou D
25.	B ou H	D ou F	E ou G	A ou C
Total :				

Diagnostic

Vous avez plus de ■ : LA PARANO

Votre devise est : « Et si l'informatique me tombait sur la tête ? »

Votre cas est lourd et vous êtes l'objet d'une *grosse* technophobie. Peut-être vous sentez-vous acculé par des gens ou par les circonstances ? Peut-être pressentez-vous que dans peu de temps vous devrez faire vos preuves face à l'informatique ? Cela vous conduit à rechercher frénétiquement toutes les astuces, les bonnes ou les mauvaises raisons, les prétextes et les arguments qui pourraient vous permettre de vous « défiler ». Parfois, vous avez l'impression qu'une sorte de brume se met en place dans votre cerveau. Parfois, vous ressentez un afflux d'émotions et de sensations (pincements au plexus solaire, frissons désagréables dans le dos, appréhension, envie de vous recroqueviller sur vous-même) lorsque vous entendez les mots « ordinateur », « informatique », « technologie », ou quand ces termes passent dans votre esprit. Bien sûr, vous essayez de résister à ces impressions, mais cela vous prend beaucoup d'énergie, laquelle serait mieux employée à des fins plus enrichissantes (dans tous les sens du terme).

Vous avez donc réellement besoin de ce livre pour comprendre et éliminer les causes de cette technophobie, qui puise ses sources et réside dans certains mythes liés aux machines[1]. Notez que, dans un cas comme le vôtre, la guérison se fera soit par un travail un peu persévérant sur la base des techniques que je vous suggère ici, soit par un « recadrage » qui équivaut à une nouvelle compréhension sous un nouvel angle de vue, et qui peut se mettre en place en un éclair à la lecture de ce livre !

Vous avez plus de ◆ : LE REFUS

Votre devise : « Jamais ! (mais…) »

Votre cas est grave, mais pas désespéré. Vous oscillez entre la technophobie et le technostress. Mais vraiment, vous n'aimez pas les machines, et pour un peu elles vous donneraient des boutons ! Vous vous êtes persuadé que jamais vous ne parviendrez à dompter un ordinateur et vous priez le ciel de n'avoir jamais à vous battre avec de tels engins. Vous êtes capable de vous fabriquer des « coups au cœur » rien qu'en pensant à la machine et à vos doigts sur le clavier. Pour éviter cela, vous pensez vite à autre chose. Il vous est même arrivé de réfléchir à des stratégies de résistance pour le cas où quelqu'un (patron ou autre) deviendrait pressant en vous incitant, précisément, à vous impliquer plus et mieux dans un rapport avec ce type d'engin.

1. Dans la seconde partie de ce livre, les chapitres sur les mythes vous informent pleinement à ce sujet.

En fait, si vous êtes honnête avec vous-même, vous savez que vous avez juste peur de ne pas être à la hauteur, ce qui vous retient de commencer à toucher de plus près à ces outils informatiques. Vous avez peur de buter sur votre seuil de Peters[2], votre seuil d'incompétence.

Mais vous êtes tout de même intrigué par ces NTIC. De temps en temps, une petite pointe de curiosité se manifeste, mais vous la chassez très vite pour ne pas courir le risque de vous intéresser à ces objets du diable. « À quoi cela pourrait-il bien me servir ? Comment ça marche ? Pourquoi mon neveu, lui, passe-t-il toutes ses soirées devant son écran ? Est-il possible que ce soit aussi passionnant que cela ? », sont autant de questions qu'il vous arrive de vous poser au sujet des NTIC.

Un peu de persévérance dans la pratique des remèdes pouvant résoudre votre technoproblème, remèdes que j'étudie plus loin dans ce livre (chapitres 4, 5 et 8), et vous risquez fort de « basculer » dans l'univers de la bonne santé, c'est-à-dire de mettre un terme à votre allergie.

Vous avez plus de ➧ : L'ÉVITEMENT
Votre devise : « Quand faut y aller, faut y aller, mais pas une seconde avant ! »

Votre cas est bénin et donc relativement facile à résoudre. Vous n'êtes pas vraiment l'objet d'une technophobie. Simplement, vous ne voulez pas vous occuper des machines. Vous n'en avez pas le temps et vous n'en voyez pas vraiment l'utilité. Vous vous dites : « À chacun son métier. Il faut savoir déléguer. Il faut que tout le monde ait du travail, alors faisons travailler les autres sur les machines, et moi, je travaille dans ma branche et sans machine. »

2. Le prochain chapitre est consacré au seuil de Peters.

Tout cela part d'un bon sentiment. Toutefois, en étant sincère avec vous-même, vous admettrez sans doute qu'un petit peu de peur de ne pas y arriver, qu'un peu (beaucoup !) d'inquiétude quant à vos capacités, voire un peu (beaucoup !) d'angoisse face à ce que penseraient les autres s'ils vous voyaient échouer lamentablement devant un ordinateur, bref, que tous ces facteurs font également partie de votre nette tendance à éviter d'être confronté au problème. Si vous ne mettez pas vos doigts sur un clavier, vous ne risquez pas d'être en butte à ces aléas, n'est-ce pas ? Alors, appelons les choses par leur nom : vous souffrez d'une bonne dose de technostress.

Maintenant, peut-être le spectre de la nécessité de vous confronter de plus près à l'objet de votre stress se précise-t-il. Si c'est le cas, ce livre va vous amener à passer de l'autre côté, à franchir le Rubicon et à vous dépasser. Vous comprendrez que vous êtes beaucoup plus intelligent et doté d'infiniment plus de ressources que n'importe quel engin des NTIC[3], et que ces peurs, donc, sont sans objet. Vous n'avez qu'à utiliser quelques-uns des remèdes que propose ce livre, et hop ! fini le technostress !

Vous avez plus de ● : LA BALANCELLE
Votre devise : « J'y vais ? J'y vais pas ?... »

Votre cas est léger et vous êtes déjà presque « sauvé ». Vous n'êtes pas technophobe, juste un peu technostressé. Vous vous dites : « Peut-être bien que oui... » ; « S'il le faut vraiment... » ; « Mais enfin, pourvu que cette nécessité ne se présente pas... » Au fond de vous, vous avez aussi comme une minipulsion qui vous susurre : « Ma foi, une de ces machines, ça pourrait être intéressant pour moi. » Toutefois, en même temps, vous affichez comme un

3. Voyez à ce propos le chapitre 5, qui traite de votre cerveau.

mouvement de recul : « Ouais. Mais qu'est-ce que ça doit être difficile ! Il faut sûrement se battre avec des tas de trucs mathématiques, et je ne suis pas bon en maths[4]. » Cependant, vous êtes également intrigué par tous ces gens de tous les âges, visiblement pas si matheux que cela, qui vous semblent bien à l'aise devant leurs objets des NTIC. Alors ? « Me tromperais-je ? Serait-ce plus simple que je ne le crois ? »

Vous êtes déjà sur le bon chemin pour éliminer votre techno-résistance, et il suffit de pousser un peu pour que vous alliez dans le bon sens, celui qui vous conduira à ressentir du technoplaisir. En effet, votre vue négative des choses est déjà grignotée par l'idée ou l'intuition des *avantages* que vous trouverez dans les NTIC.

Cet ouvrage va vous permettre de donner rapidement le coup de grâce à ce technostress. Une fois de plus, pour y parvenir, il vous suffit d'utiliser l'un ou l'autre des remèdes qu'il vous procure.

Que vous soyez parano, partisan du refus, de l'évitement ou de la balancelle, vous avez tout à gagner dans l'élimination d'un problème de technostress ou de technophobie : plus de sérénité, un port de tête plus droit, un regard plus ferme et beaucoup plus de confiance en vous, en la vie, en l'avenir ; bref, vous renforcerez votre personnalité. En prime, vous susciterez peut-être même l'admiration d'autrui à votre endroit, autant sur le plan personnel que professionnel. Et tout à fait certainement, vous accéderez à des outils de progrès personnel et de succès, à une bien plus grande

4. Vous verrez plus loin que cette idée est sans fondement.

estime et à un évident contentement de vous-même. Plus est lourde la guerre, plus est éclatante la victoire.

Tout un monde s'ouvrira alors devant vos yeux éblouis et vous offrira, comme sur un plateau, de nouveaux moyens de réussir votre vie. Dès lors, à vous également l'afflux de créativité, d'idées, de nouveaux moyens pour agir vite et bien dans beaucoup de domaines. Et aussi, une large autonomie et de meilleurs atouts pour votre réussite, votre succès et votre plaisir.

Maintenant que vous y voyez sans doute plus clair sur l'intensité de votre problème, le moment est venu d'entamer la démarche qui va vous conduire vers votre « guérison ». Dans le prochain chapitre, vous allez en apprendre plus sur vous-même et sur cette frontière entre compétence et incompétence à laquelle chaque être humain se trouve ponctuellement confronté tout au cours de sa vie. Vous découvrirez également un outil de réflexion, le PMI, qui vous permettra d'aller de l'avant en matière de NTIC, tout en améliorant votre capacité à réfléchir de façon utile et constructive à leur endroit.

4

LES NTIC SONT-ELLES VRAIMENT AU-DELÀ DE VOTRE COMPÉTENCE ?

Le « seuil de Peters[1] », du nom du conseiller d'entreprise qui l'a théorisé, c'est la frontière où l'on passe de la compétence à l'incompétence. Chaque être humain, dans chacun des domaines dans lequel il est amené à entreprendre des activités, a un tel seuil de Peters. Si l'on veut être considéré comme efficace, il faut que le champ des compétences que l'on détient soit le plus étendu possible.

En réalité, à un moment ou à un autre de notre vie, nous avons tous été confrontés à ce seuil.

Par exemple :

- À l'école, quand nous nous sommes retrouvés à lire un sujet d'examen dont nous comprenions tous les mots, mais pas le sens global. Ou bien lorsque nous devions donner une réponse au professeur, alors qu'aucune information utile ne se présentait à notre esprit.
- Dans le sport, pendant une course, quand nous n'arrivions pas à descendre en dessous d'un certain temps.

1. Tom Peters, *Jenseits der Hierarchien — Liberation Management,* Econ Verlag, 1993.

- Dans le travail, chaque fois que nous ne parvenions pas au but et que nous avions l'impression d'être impuissant.

Cherchez et vous trouverez très certainement sans peine, dans votre propre histoire de vie, de tels moments qui réfèrent au seuil de Peters. Donc, franchir le seuil de Peters, c'est être dépassé, c'est ne plus être en mesure de faire face. C'est le moment où l'on commence à échouer.

Samuel
Je me souviens de Samuel. Poussé par son épouse, il accepte une promotion, alors que son instinct lui dit qu'il ne pourra pas être à la hauteur des exigences de ce nouveau poste. S'il constate très vite que son instinct a plutôt l'air de dire juste, il continue à essayer d'y arriver. En prenant sur lui et en « colmatant les premières brèches », il réussit à donner le change pendant quelque temps. Puis il craque nerveusement : conflits à la maison, conflits dans son travail, ulcère d'estomac, insomnies, angoisses. Sans en être vraiment conscient, il manœuvre alors pour se faire licencier pour faute professionnelle. Par la suite, il aura beaucoup de difficultés à se trouver un emploi, en l'occurrence inférieur à ses compétences. Voilà un magnifique exemple d'un syndrome de type « promotion-stress ».

Le plus grave, dans ce cas, c'est que Samuel a fait l'expérience de son seuil de Peters d'une façon humiliante et nerveusement épuisante. La conséquence de cette expérience, c'est que par la suite il s'empêchera de se mettre en avant. En d'autres termes, il fera tout pour rester en dessous de ses capacités professionnelles réelles, de manière à ne plus jamais risquer de se retrouver à son point d'incompétence. Il aura même la possibilité de suivre des formations pour faire progresser sa carrière dans la nouvelle entreprise qui l'a engagé, mais il y renoncera.

Ainsi, le fait de franchir son seuil de Peters peut casser des possibilités et des progressions futures, tout simplement parce que l'on tendra à éviter de courir à nouveau le risque de se trouver confronté à ce seuil. C'est un processus d'évitement de la souffrance potentielle qui est bien connu en psychologie.

Pourtant, au lieu de craquer, Samuel aurait pu entreprendre un travail de développement personnel, seul ou avec un thérapeute, ce qui l'aurait amené à repousser son seuil de Peters. Il aurait ainsi raffermi sa confiance en soi et en ses capacités, première condition pour « économiser » son système nerveux. Puis, sur ces bonnes bases, il aurait pu améliorer sa formation pour faire face avec efficacité et succès aux exigences de son nouveau poste. Le problème aurait certainement pu être résolu de cette manière, sans dégâts professionnels ni personnels.

Un seuil de Peters n'est jamais une fatalité. Il est modulable en fonction de la stature psychologique, de l'évolution de la personnalité, des améliorations du bagage de chacun. En fait, j'en suis venu à considérer que le fait de se frotter à ses seuils de Peters et de les repousser toujours plus loin, c'est là une des grandes clés d'une vie réussie.

Ré-flé-chis-sez

Si vous souffrez de technostress ou de technophobie, c'est que votre seuil de Peters par rapport à la technologie est bien trop près de vous ! Tant que cette situation perdure, vous ne parviendrez pas à passer cet écueil.

La solution ? Éloigner de vous ce seuil de Peters. Mais comment y parvenir ?

La toute première chose à faire ? Vous devez vous mettre *réellement* à réfléchir à ce qui vous semble si difficile. Par exemple : « Je vais devoir apprendre à utiliser l'ordinateur. » Lorsque je dis « réfléchir », cela signifie que vous ne devez pas vous contenter de ces idées émotionnelles qui vous viendront certainement à l'esprit en tout premier lieu : « Je n'aime pas ; j'ai peur ; je ne veux pas... »

L'aptitude à l'informatique n'a rien à faire de ce genre d'émotions. En revanche, la réflexion, la motivation, l'aptitude à repérer et à nommer les choses, l'ouverture d'esprit et la capacité à penser plus largement, voilà des attitudes intéressantes à développer envers les technologies. Alors, pour vous y exercer et pour vous sortir des réactions émotionnelles, je vous propose maintenant de vous adonner à la technique du PMI.

Qu'est-ce que le PMI ?

C'est une technique de réflexion[2], une méthode pour bien réfléchir, une méthode qui permet de sortir, de se dégager des premières conceptions que l'on a sur quelque chose, *et donc d'enrichir son point de vue.* En effet, l'être humain agit et réagit en fonction de ses préjugés et de l'image qu'il se fait des choses et des gens avec lesquels il est, ou n'est pas, en contact.

Imaginons que votre préjugé vis-à-vis de l'informatique est : « Je n'arriverai jamais à m'y mettre. » Si tel est le cas, vous n'y arriverez pas en effet, car tant que ce préjugé est actif et accepté, il commandera votre comportement. Or, si vous acceptez ce genre de conception, c'est parce que votre point de vue sur le sujet est précisément *limité* à cette seule conception. C'est la métaphore du serpent qui se

2. Elle a été mise au point par Edward de Bono, un des spécialistes mondiaux dans le domaine des techniques de pensée et de réflexion.

mord la queue ? Vous pensez négativement, donc vous vous comportez négativement et ce comportement renforce le jugement négatif, etc. Cependant, nous sommes ici dans le domaine de la croyance[3], ce qui signifie que vous pouvez, *que vous devez* changer dc croyances et en adopter de plus saines et de plus positives, des croyances qui, au lieu de vous limiter, vous renforcent et vous conduisent à rechercher une expansion de votre être et de vos moyens d'action, et c'est là que le PMI entre en jeu.

Voici comment pratiquer votre premier PMI[4], afin de percevoir les choses et les perspectives de façon plus large, plus novatrice et plus créatrice :

Le **P** représente le *Plus,* c'est-à-dire les éléments et les aspects positifs du domaine que l'on considère.

Le **M** représente le *Moins,* c'est-à-dire les éléments et les aspects négatifs du domaine que l'on considère.

Le **I** est relatif à la recherche de ce qui est *Intéressant,* de ce qui peut émaner du domaine considéré et qui n'est ni P ni M.

Petite astuce : la phrase « Il serait intéressant de voir si... » est très utile pour relever les éléments relatifs au I, qui est en général la rubrique la moins facile à remplir parce qu'*elle sert à sortir du cadre initial,* et des points P et M. La particularité du I, c'est que la personne

3. Dans le sens psychologique du terme (non religieux), les croyances, ce que l'on estime vrai, influencent les capacités que l'on a et que l'on développe, et influent également sur le comportement. Le comportement influence à son tour l'environnement dans lequel on vit : l'environnement *répond* au comportement. En d'autres termes, la vie que vous menez très concrètement est à l'image de vos croyances, positives ou négatives, et cela sur les plans matériel (finances, etc.), actif (genre d'activité et réussite ou échec), environnemental (décors et qualité de vie, qualité des relations humaines, etc.). Pour de plus amples explications sur ces mécanismes psychologiques, sur leur importance dans votre vie et sur les solutions à y apporter, vous pouvez lire : *Bien se connaître pour bien piloter sa vie,* d'Érica Guilane-Nachez (voir la bibliographie).

4. J'espère que vous en ferez d'autres : le PMI est utilisable dans beaucoup de cas et de domaines exigeant de sortir d'un point de vue étriqué ou préfabriqué (préjugés, croyances limitantes).

qui s'adonne au PMI, ne réagit pas au thème de façon émotionnelle, c'est-à-dire par rapport à ce qu'elle ressent (comme cela se produit souvent aux étapes P et M). Elle réagit plutôt en fonction des intérêts que le I peut présenter, y compris et surtout en fonction de ceux auxquels elle n'avait pas pensé d'emblée. Est-ce que le thème de base peut ouvrir à d'autres idées, réfère à de nouvelles actions, de nouvelles possibilités ou de nouveaux projets ? Le I permet donc de sortir des jugements de valeur qui « coincent » le plus souvent un jugement sain.

Le PMI consiste donc à orienter volontairement *et dans l'ordre* son attention sur les éléments positifs d'un sujet, puis sur ses éléments négatifs, enfin sur ceux qui sont dignes d'intérêt. J'insiste : il importe de procéder *dans l'ordre*. En effet, il n'est pas question de laisser les idées venir anarchiquement et de décider ensuite sous quelle rubrique vous décidez de les mettre. Vous devez prendre une dizaine de minutes environ par rubrique, puis passer à la suivante. Les tableaux A et B présentent deux exemples de PMI. Observez-les de manière à bien sentir comment il convient de faire et quel est l'esprit de ce travail. À des fins de démonstration et d'exploration, nous avons d'abord choisi des thèmes liés à l'élimination de limitations, soit « arrêter de fumer » et « me mettre au canoë-kayak, alors que j'ai peur de l'eau ».

TABLEAU A

ARRÊTER DE FUMER

P : **le Plus (les aspects positifs) :**

- Je m'affranchis de cet esclavage, cela augmente ma liberté.
- J'économise de l'argent, ce qui me permet de m'offrir des choses désirables avec cet argent.
- J'amplifie ma volonté et ma détermination.
- J'augmente mon estime de moi-même.
- Je me prouve à moi-même et prouve aux autres que je suis capable de dominer cette drogue qu'est le tabac.

- J'ai l'haleine beaucoup plus fraîche.
- Mes vêtements ne sentent plus le tabac.
- Les enfants et mes proches respirent un air moins pollué.
- Je préserve mieux ma santé.

M : **le Moins (les aspects négatifs)** :

- Je dois m'occuper les mains autrement qu'en fumant.
- Je risque de souffrir des sensations de manque.
- Je risque de prendre du poids.
- Je risque d'être de mauvaise humeur, agressif.
- Je cours le risque de rechuter.

I : **il serait intéressant de voir** :

- Si cela m'amène à faire du sport.
- Si cela améliore ma mémoire.
- Si cela améliore ma circulation sanguine.
- Si cela améliore ma respiration.
- Lesquels de mes proches ont une attitude positive à ce propos.
- Lesquels de mes proches ont une attitude négative à ce propos.
- Lesquels de mes proches cherchent à me faire rechuter.
- En combien de temps j'y arrive.
- Avec quelle méthode j'y arrive.
- Si cela change des éléments dans mes amitiés : si des amis fumeurs se sentent « trahis », si cela m'amène de nouveaux amis.

TABLEAU B

ME METTRE AU CANOË-KAYAK, ALORS QUE J'AI PEUR DE L'EAU

P : **le Plus (les aspects positifs)** :

- Je vaincs ainsi la peur de l'eau.
- Je pratique ainsi un sport complet qui a l'avantage de se faire en plein air, et qui est excellent pour respirer un air plus pur qu'en ville.
- C'est une façon de me dépasser.
- J'ai le plaisir de m'être prouvé à moi-même (et d'avoir prouvé à autrui) que, lorsque je veux, je peux.

- Cela m'amène de nouveaux contacts humains, dans une ambiance jeune et de franche camaraderie.
- Cela me permet de rester jeune d'esprit et vigoureux de corps.
- Cela a une bonne incidence sur ma santé générale et mes ressources énergétiques.

M : **le Moins (les aspects négatifs) :**

- Cela me prend du temps, car il y faut une pratique régulière.
- Cela me coûte de l'argent en matériel et en déplacements.
- Je risque de paniquer si je me retrouve la tête sous l'eau.
- Je risque de négliger mes études si j'y prends vraiment goût.

I : **il serait intéressant de voir :**

- À quel niveau, éventuellement de compétition, je peux aboutir.
- Si je rencontre grâce à cela quelqu'un de vraiment intéressant, peut-être même une relation sentimentale.
- Si mon parrain est disposé à me financer mon kayak.
- Combien de temps par semaine j'en fais.
- Quels genres de sensations cela me donne.
- Si cela m'amène à pratiquer ce sport ailleurs qu'en France, et donc à voyager à l'étranger.
- Si cela m'amène à pratiquer d'autres sports ayant un rapport avec l'eau : natation, water polo, etc.
- Comment les autres kayakistes m'acceptent et m'aident, en découvrant que j'ai peur de l'eau.

Quelle est l'utilité du PMI pour vous ?

Ces deux exemples illustrent bien comment pratiquer un PMI. Mais peut-être vous demandez-vous à présent à quoi cela va vous servir par rapport à la technophobie, au technostress et au seuil de Peters ?

L'histoire de Samuel nous a montré quel était le chemin le plus court pour aller de l'échec à l'autosabotage. Or, Samuel *croyait* à ce que son instinct lui soufflait, à ce message exclusivement négatif. En d'autres termes, le seul point de vue qu'il avait sur son nouveau poste était lié à son sentiment plus ou moins confus d'incapacité à l'assumer. Si Samuel avait fait un PMI, il aurait élargi sa compréhension et ses perspectives quant à cet emploi. Il aurait *recadré* les choses et aurait même pu apercevoir des éléments de *stratégies* à suivre pour réussir. Il y aurait perçu des intérêts divers, au lieu d'être obnubilé par sa sensation de devoir échouer.

En effet, un PMI n'est pas un jeu de l'esprit, c'est une technique, qui est également thérapeutique, conduisant le mental à se pencher attentivement sur un thème. Ne croyez pas cependant que la réalisation d'un PMI soit une chose facile. En fait, il devient facile de faire un PMI seulement lorsque nous réussissons à abandonner, au moins pour un instant, la conviction préalable que nous avons sur un sujet donné. Inversement, lorsque nous avons déjà décidé de ce que nous pensons, nous ne parvenons pas, ou mal, à faire un PMI, car nous nous servons alors de notre intelligence et de la réflexion pour *étayer le parti déjà pris,* et non pas pour trouver de nouvelles approches. Dans le PMI, il ne s'agit surtout pas de défendre, d'étayer ou de renforcer son préjugé, *mais d'explorer le thème pour voir vers quels éléments positifs, négatifs et intéressants il peut mener.*

Êtes-vous certain que vous souffrez de technophobie ou de technostress ? Que vous n'avez pas ce qu'il faut pour comprendre comment faire fonctionner facilement ces engins ? Vous vous trompez, et la technique du PMI peut vous le démontrer. En effet, il importe d'utiliser le PMI *surtout* quand nous n'avons aucun doute sur quelque chose, quand notre opinion est déjà toute faite.

Jean-Pascal

À titre d'exemple, le tableau C montre *comment rater un PMI.* Jean-Pascal, un jeune homme très timide, voudrait bien oser aborder une jeune fille, mais il ne parvient pas à s'y résoudre de peur de se faire rabrouer, de « prendre une claque », selon sa propre expression.

Le thème du PMI est donc le suivant : « me décider à aborder une jeune fille » et Jean-Pascal a exploré ses trois rubriques. En observant le tableau C, nous constatons que tout le PMI est contaminé par *l'idée préalable que Jean-Pascal a de son incapacité à assumer ce genre de situation*. Nulle part notre jeune homme ne voit d'autres perspectives. *C'est là un exemple de ce qu'il ne faut pas faire* si on veut enrichir sa vision des choses à l'aide de la technique du PMI.

TABLEAU C

ME DÉCIDER À ABORDER UNE JEUNE FILLE

P : **le Plus (les aspects positifs) :**

- M'habituer à accepter l'échec.
- M'habituer à la douleur, à la frustration, à la gêne, à la honte.
- Passage obligé pour rencontrer une jeune fille.
- Me faire vivre et accepter le fait de « prendre une claque ».

(Commentaire : Jean-Pascal ne conçoit pas un seul instant que cela puisse bien se passer.)

M : **le Moins (les aspects négatifs) :**

- Je vais souffrir, j'ai peur d'être ridicule.
- Je risque de me décourager, de croire que je suis incapable, que cela vient de moi, que je ne sais pas y faire.
- Je risque de croire que je n'intéresse pas du tout les filles.
- De montrer qu'à 32 ans, j'agis comme un jeune de 18 ans, je risque d'être pris pour un adolescent, alors que je voudrais apparaître comme ayant mon âge.
- J'ai peur qu'on me voie dans la rue, qu'on parle dans mon dos après qu'on m'ait vu prendre une telle claque.

I : **il serait intéressant de voir :**

- Si cela m'amène à connaître le monde qui m'entoure.
- Si cela m'amène à connaître des personnalités différentes.
- Si cela m'amène à connaître des endroits nouveaux.

(Commentaire : Il n'y a ici que des généralités.)

Le PMI, un défi que vous vous lancez

Il convient donc de vous lancer dans un PMI avec une grande ouverture d'esprit et une bonne neutralité. C'est alors, et alors seulement, que le PMI devient, non pas un moyen de vous conforter dans une idée préfabriquée, mais un défi que vous vous lancez afin de trouver le maximum de P, de M et de I.

Souvenez-vous que l'idée générale de cette technique, c'est de changer de « bout de lorgnette », de passer d'une vue étroite sur un thème à une vision beaucoup plus étendue, plus ample, qui perçoit plus de détails. Ensuite, vous agirez et réagirez nécessairement bien mieux par rapport à cette nouvelle perception et à cette compréhension des choses.

Il arrive qu'à la suite d'un PMI fait honnêtement, on abandonne comme non pertinente l'idée ou la conviction préalable que l'on avait du thème abordé. J'ai vu cela plus d'une fois. Il s'agit de changements radicaux de points de vue, ce qu'en thérapie on appelle « recadrage ». Une fois trouvée et écrite dans une des rubriques du PMI, il devient impossible d'ignorer ou de rejeter une idée ou une conception. Dès lors, elles se mêlent à toutes les autres idées et conceptions pour former la décision, la croyance finale. Or, mon propos est de vous amener à changer en mieux votre croyance « J'ai la phobie des machines », parce qu'elle contrôle votre rapport aux technologies modernes et qu'elle vous est négative, nuisible et pernicieuse.

Vos idées

Dans ce qui suit, les tableaux D, E et F vont vous permettre de rédiger votre PMI sur le thème : « Je vais devoir apprendre à utiliser l'ordinateur ». Permettez-moi ce conseil préalable : ne consultez pas les tableaux J, K et L, que vous trouverez à l'annexe 1, à la fin de ce livre, avant d'avoir terminé votre travail. Ils vous montrent ce que l'on pourrait écrire de positif, de négatif et d'intéressant sur ce sujet, étant entendu que bien d'autres idées sont aussi possibles. En fait, ce sont vos idées à vous, liées à votre environnement et à vos motivations, qui seront significatives, c'est-à-dire chargées d'un sens profond propre à vous.

TABLEAU D

JE VAIS DEVOIR APPRENDRE À UTILISER L'ORDINATEUR

P : le Plus (les aspects positifs) :

- ____________________
- ____________________
- ____________________
- ____________________
- ____________________
- ____________________
- ____________________
- ____________________
- ____________________
- ____________________

TABLEAU E

JE VAIS DEVOIR APPRENDRE À UTILISER L'ORDINATEUR

M : le Moins (les aspects négatifs) :

- ____________________
- ____________________
- ____________________
- ____________________
- ____________________
- ____________________

- ______________________________
- ______________________________
- ______________________________
- ______________________________

TABLEAU F

JE VAIS DEVOIR APPRENDRE À UTILISER L'ORDINATEUR

I : il serait intéressant de voir :

- ______________________________
- ______________________________
- ______________________________
- ______________________________
- ______________________________
- ______________________________
- ______________________________
- ______________________________
- ______________________________
- ______________________________

Voilà, vous avez rédigé votre PMI sur le thème : « Je vais devoir apprendre à utiliser l'ordinateur ». Si vous avez bien joué le jeu et porté votre attention sur les trois rubriques, l'une après l'autre, il est tout à fait probable que vous y voyiez déjà plus clair sur un certain nombre de bonnes raisons personnelles de vous familiariser avec l'ordinateur. Il est également possible que vous vous soyez surpris à ressentir quelques pointes de motivation pour attaquer le problème et, également, que votre angoisse y ait perdu de l'acuité. C'est un bon début. Si toutefois ce n'était pas encore le cas, il serait bon que vous y repensiez encore un peu, car vous n'avez sans doute pas tout à fait atteint cette

« au moins passagère neutralité » indispensable à la bonne réalisation du PMI. Par conséquent, sur le métier, remettez votre ouvrage.

Au point où nous en sommes, il est très indiqué que vous fassiez un deuxième PMI, ce qui pourrait être également très éclairant. Son thème est cette fois : « Souffrir de technophobie ». Encore là, vous disposez des tableaux G, H et I pour réaliser ce travail en toute honnêteté et avec ouverture d'esprit. Mais peut-être vous demandez-vous, à ce stade, quels points positifs on pourrait trouver à une limitation ? Cherchez bien, il y en a nécessairement. Ensuite, demandez-vous si ces points positifs font le poids par rapport au reste. Après, et seulement après, reportez-vous au tableau M (toujours à l'annexe 1), où vous trouverez quelques idées de réponses pour un PMI sur ce sujet. Mais encore là, le commentaire mentionné plus haut s'impose. Le tableau M n'est là qu'en tant qu'exemple. Seules vos réponses personnelles sont significatives pour vous.

TABLEAU G

SOUFFRIR DE TECHNOPHOBIE

P : le Plus (les aspects positifs) :

- ______________________
- ______________________
- ______________________
- ______________________
- ______________________
- ______________________
- ______________________
- ______________________
- ______________________
- ______________________

TABLEAU H

SOUFFRIR DE TECHNOPHOBIE

M : le Moins (les aspects négatifs) :

- ____________________
- ____________________
- ____________________
- ____________________
- ____________________
- ____________________
- ____________________
- ____________________
- ____________________
- ____________________

TABLEAU I

SOUFFRIR DE TECHNOPHOBIE

I : il serait intéressant de voir :

- ____________________
- ____________________
- ____________________
- ____________________
- ____________________
- ____________________
- ____________________
- ____________________
- ____________________
- ____________________

Voilà, c'est fait ! À présent, comment ressentez-vous la technophobie ? Est-elle toujours aussi forte ? Ou plutôt moins concernante ? Probablement déjà moins qu'au début de votre lecture.

Vous pouvez maintenant comparer votre propre travail de réflexion avec les exemples donnés à l'annexe 1, soit les tableaux J, K, L et M.

Outre la technique du PMI, il existe également un autre moyen très efficace de conjurer le technostress et la technophobie. Il vous suffit de vous servir de votre cerveau, cet extraordinaire organe dont vous pouvez disposer pour éliminer ce problème (et tous les autres !), et d'apprendre à penser sur un mode non linéaire.

5

CERVEAU HUMAIN ET CERVEAU ÉLECTRONIQUE

Celui qui est technostressé et, plus encore, celui qui est technophobe calent devant ce qu'ils imaginent être le redoutable cerveau d'une machine qui s'oppose à leur cerveau humain.

Un cerveau électronique est un ordinateur. Et c'est une machine à presque tout faire. Sauf à être vivante et à penser par elle-même. Sauf à avoir de l'intuition et de l'humour. Sauf à ressentir de l'amour ou de la haine, de la tendresse ou de l'amusement, de la colère ou de la compassion. Sauf à être irrationnelle et émotive. Sauf à avoir de l'esprit de synthèse. Sauf à avoir une authentique intelligence créatrice ou du talent. En d'autres termes, sauf à disposer de ce que sont et resteront encore bien longtemps les prérogatives de cette créature à l'organisme parcouru d'étonnantes substances biochimiques, de cet être en chair et en os, en muscles et en cellules grises, en sang et en instinct, en corps et en âme, en pensée et en esprit : l'être humain.

Il y a d'immenses différences entre les capacités du cerveau humain et celles du cerveau électronique. En exprimant cela par un score, on pourrait même dire que cela représenterait 10 points pour l'homme et 1 point pour la machine, soit vos 10 formes d'intelligence rapportées à l'unique forme que détient le cerveau électronique. De plus, l'être humain dispose de deux modes d'approche et de compréhension de lui-même, et du monde qui l'entoure, liés aux spécificités respectives de ses deux hémisphères cérébraux.

Découvrez à présent toute cette richesse que vous détenez et vous pourrez ensuite apprendre à raisonner de façon créative, efficace et constructive, et prendre ainsi encore davantage confiance en votre immense potentiel pour utiliser les machines en toute sérénité.

Qu'est-ce qu'un cerveau électronique ?

L'ordinateur est un outil au service des hommes et, à ce titre, il ne ressent ni émotion ni sentiment, et n'a pas davantage de désir, de volonté ou d'ambition personnelle. Il est logique et rationnel, il obéit à des programmes préétablis auxquels il ne peut échapper. Il ne peut improviser et s'adapter aux changements qui se produisent dans son environnement. Il n'est qu'un instrument, et son utilisation, bienfaisante ou nuisible, relève des intentions et des intérêts de ses utilisateurs, individus ou organismes. En fait, il se borne à calculer, et c'est là le seul domaine dans lequel il est meilleur que l'homme. Il fait des milliards d'opérations de calcul en moins de temps qu'il n'en faut pour l'écrire ! Et tous ces calculs sont basés sur deux possibilités seulement, soit 0 et 1 ou, si l'on veut, « ouvert » et « fermé », en mode dit « binaire ».

Cela lui permet de presque tout faire. Écrire des textes, ajuster le régulateur cardiaque qui sauve la vie du malade, jouer à des jeux vidéo de vitesse, d'adresse ou de combat. Créer de nouvelles molécules, analyser des substances, faire de la comptabilité, détecter par radar un avion égaré, faire circuler les métros à partir d'une salle de contrôle. Dessiner des monstres pour le cinéma, composer de la musique, faire de la chirurgie de pointe à distance, transmettre des programmes de télévision aux antipodes, envoyer des satellites sur orbite. J'en passe, et une multitude.

En 1945, lorsque la « bête » voit le jour à l'université de Pennsylvanie, elle commence par être monstrueuse : un vrai « gigantosaure » de 30 tonnes, grand comme un hangar, consommant 150 000 watts à l'heure, marchant avec 18 000 lampes et refroidi en permanence par quantité de ventilateurs de 28 chevaux chacun. La bête sait faire des multiplications de 10 chiffres en 2,8 millièmes de seconde, ce qui est un vrai prodige pour l'époque. En une heure, elle effectue autant de calculs que 100 employés en deux mois ! Son nom : Electrical Numerical Integrator and Computer (ENIAC).

En 1945, nous étions alors en pleine période « préhistorique » de l'informatique. En fait, jusqu'à notre époque, qui consacre nos ordinateurs domestiques modernes, cinq étapes marquent des progrès décisifs en ce domaine :

- La période de 1945 à 1951 voit l'arrivée des grands calculateurs dans différentes universités américaines et britanniques.
- À partir de 1951, la commercialisation des ordinateurs débute, ces derniers cessant ainsi d'être des objets exclusivement universitaires. Mais c'est surtout à partir de 1959, du fait de l'arrivée du transistor[1], que l'ordinateur commence à se répandre, encore sous la forme de gros systèmes et seulement dans le monde de l'entreprise.

1. Transistor : composant électronique semi-conducteur qui a remplacé les anciens tubes à vide. En 1960, un transistor occupait une surface de 1 mm^2, et de 0,0001 mm^2 en 1980. En 2002, il fait 15 nanomètres de large (0,000015 mm).

- À la fin des années 1960, le circuit intégré, appelé aussi «puce», est créé. C'est un minuscule module regroupant des milliers de transistors, qui débouche en 1970 sur le microprocesseur, une puce informatique très complexe et programmable.
- L'année 1981 est l'année de la grande révolution avec l'arrivée du *personal computer,* du PC, sigle qui devient le nom générique le plus internationalement usité des ordinateurs personnels. À la différence des gros systèmes antérieurs utilisés par une équipe de professionnels, le PC est utilisable à titre individuel et devient ainsi accessible au grand public.
- Depuis ce temps, les techniques permettant une miniaturisation de plus en plus poussée se sont développées, ce qui met l'ordinateur à la portée de presque chacun, tant par son prix que par rapport à l'espace de plus en plus restreint qu'il occupe.

Ainsi, aujourd'hui, chaque puce qui se trouve dans un ordinateur familial possède une bien plus grande puissance de calcul que le pachydermique ENIAC de 1945. Quant à la calculette que vous achetez à votre supermarché pour une somme très modique, elle aussi fait mieux que cet ancêtre.

Ces quelques points de comparaison permettent de mieux évaluer la nature réelle de cette évolution étalée sur ces quelques décennies seulement:

- La vitesse de travail d'un ordinateur actuel est 30 000 fois plus rapide que celle de l'ENIAC.
- La consommation en énergie a été divisée par plus de 200 000.
- Le poids a été divisé par plus de 10 000.
- Le prix (en monnaie constante) a été divisé de plusieurs dizaines de milliers de fois. En son temps, l'ENIAC avait coûté de

nombreux millions de dollars. Aujourd'hui, un ordinateur personnel moyen coûte à peu près l'équivalent de un mois d'un petit salaire, et il est ainsi accessible partout et à tous, au comptant ou à crédit.

Vous avez dit « informatique » ?

Les outils d'information sont des intermédiaires symboliques qui amplifient l'intellect et non les muscles.

BILL GATES, PDG DE MICROSOFT

Voilà la définition de l'« informatique », telle qu'elle a été élaborée par l'Académie française : science du traitement automatique et rationnel, notamment par des machines automatiques, de l'information, laquelle est considérée comme le support des connaissances humaines et des communications dans les domaines scientifiques, techniques, économiques et sociaux.

En fait, le terme « informatique » désigne le traitement automatique de l'information, grâce à des matériels, les machines informatisées, c'est-à-dire les ordinateurs, et à des logiciels, c'est-à-dire les programmes.

L'information

Le mot « information » doit être pris ici dans son sens le plus large. Par information, on entend aussi bien les œuvres complètes de l'écrivain Roger Zelazny ou les images de *La guerre des étoiles* que la comptabilité d'une grande entreprise publique. L'information, c'est aussi les partitions de l'opéra de Richard Wagner, *L'or du Rhin,* le nombre de pièces en stock dans l'entrepôt, le texte de votre rapport sur la réunion d'hier avec l'ensemble du service et la musique électronique. L'information, c'est également le dessin de votre fille, la vitesse de la sonde en route pour Jupiter, la voix de l'astronaute voguant aux abords de la Lune et souhaitant un joyeux anniversaire à son fiston de cinq ans resté sur terre. Tout ce qui est lettre, chiffre, mot, tracé, signe, vibration, est de l'information. En fait, tout ce qui peut s'écrire, se dire, se chanter, se jouer, se dessiner, se compter, se mettre en équations ou en catégories, se coder, se communiquer à d'autres est de l'information. Présente partout, il est donc vain de chercher quel domaine elle ne concerne pas.

En d'autres termes, l'information[2] est une unité de savoir, de connaissance, de communication qui peut être codée, conservée, traitée, communiquée. Donc, toute unité de savoir, quelle qu'elle soit, est de l'information (souvent abrégée par le terme « info »).

Les NTIC traitent des informations grâce à du matériel et à des programmes

Parmi les NTIC, les ordinateurs traitent des unités de savoir et ces machines informatiques se composent de plusieurs éléments : le matériel en lui-même et les instructions pour que ce matériel fonctionne, en amont desquelles se trouvent ceux qui les créent, soit les programmeurs. En aval de tout cela, il y a vous, l'utilisateur.

Pour mieux saisir leurs caractéristiques et leurs fonctions, passons rapidement en revue tous ces éléments.

- Le matériel (le *hardware*)

  Dans un ordinateur, c'est tout ce que l'on peut toucher avec ses mains, tous les éléments : le clavier, l'écran, qui est aussi appelé « moniteur », les boîtiers, les circuits, les câbles. C'est le « corps » de l'ordinateur avec les « cases » mémoire dans les-

2. À ne pas confondre avec les « nouvelles », c'est-à-dire le récit de ce qui s'est passé dans le monde. Mieux que la langue française, la langue anglaise témoigne de cette différence grâce aux mots *news* et *information*.

quelles se trouvent stockées des infos, comme dans des tiroirs où elles sont bien classifiées. Quand on dit « cerveau électronique », c'est du *hardware* dont on parle.

- **Les logiciels (le *software*)**
  Ce sont les programmes qui permettent le fonctionnement du *hardware*. Le logiciel est le véritable outil informatique, car il inclut non seulement le manuel de l'utilisateur, mais aussi les instructions pour traiter les informations, les données. Les logiciels sont destinés à des tâches spécialisées, par exemple à la comptabilité, au traitement de texte, à la musique assistée par ordinateur, au montage vidéo, au graphisme.
- **Les programmeurs**
  Le matériel sans logiciels, c'est un ensemble de trucs inertes, en attente, du genre zombie : ça ne calcule pas, ça ne traite rien, ça ne sert à rien, ça végète. Ce sont les logiciels qui contiennent et traitent l'information en fonction de critères préétablis par ceux qui les ont mis au point : les programmeurs. Ces derniers créent tous les programmes dont vous avez besoin pour profiter au maximum des possibilités de votre ordinateur.

À ce propos, une des grandes contrevérités qui se manifestent souvent dans les conceptions des technophobes est la crainte de devoir faire soi-même des calculs. « Je suis nul en maths ! Je ne pourrai jamais rien faire avec un ordinateur. » Si vous avez une telle idée en tête, balayez-la tout de suite, s'il vous plaît, et jetez-la au plus vite dans le dépotoir des fausses croyances ! C'est l'ordinateur qui calcule, pas vous ; et ce sont les programmeurs qui ont déjà tout fait pour que vous n'ayez justement pas à « faire des maths » quand vous vous servez de la machine. À chacun son travail : à eux les fameuses maths et à vous le plaisir de vous servir d'un excellent outil informatique.

- **L'utilisateur**
  Cet acteur, ce sera vous, dans peu de temps, quand vous aurez « liquidé » la technophobie et le technostress. C'est aussi moi, et c'est une quantité de plus en plus considérable de personnes dans le monde, de tous les niveaux, de tous les âges, de toutes les classes sociales et occupant toutes sortes d'emplois. Sans tous ces gens, les NTIC restent lettre morte.

Voici, de façon imagée, le processus qui vous permet, par exemple, de dessiner un Mickey sur un écran d'ordinateur. Dans votre machine, vous avez un programme, le logiciel, comportant déjà toutes les instructions nécessaires pour faire du graphisme. Vous voulez tracer les oreilles du Mickey ? Vous en donnez l'ordre à la machine, et voici le genre de dialogue qui s'engage alors à l'intérieur de l'ordinateur :

— Ah, cet ordre de mon maître [vous] correspond à l'instruction 972. Eh, la Mémoire, indique-moi de quelle instruction il s'agit ? dit le Microprocesseur.

— Cette instruction est : tracer un demi-cercle d'un diamètre de 11, répond la Mémoire.

— Bien. Voilà qui est fait. Ensuite, quelle est l'instruction 973 ?

— C'est : afficher le résultat à l'écran.

— D'accord. J'ai affiché le résultat. Dis-moi à présent quelle est l'instruction 974 ?

— C'est : ajouter au cercle la couleur noire.

— Etc.

Ce dialogue imaginaire est une métaphore qui décrit scrupuleusement le processus de fonctionnement séquentiel, c'est-à-dire séquence après séquence, action après action, de votre ordinateur quand il exécute vos commandes. Bien sûr, ce dialogue interne se fait à la vitesse de la lumière et en code binaire, et non avec des mots. C'est exactement ainsi que cela se passe. La machine n'est capable ni d'improvisation, ni d'imagination, ni d'innovation, ni de créativité, car le créateur, c'est l'être humain qui tape sur les touches du clavier ou qui donne des ordres verbaux[3].

Et le cerveau humain ?

S'agissant du cerveau humain, on ne peut raisonnablement envisager que son étude, si rigoureuse et si complète soit-elle, puisse fournir un modèle exclusif de son fonctionnement.

J.-L. Juan de Mendoza, docteur en physiologie

Vous savez à présent ce qu'est un ordinateur, à quoi il sert et ce qu'il fait, et vous pouvez certainement déjà percevoir les énormes différences entre sa façon de fonctionner et celle qui est propre au cerveau humain. Mais voyons tout de même cela d'un peu plus près.

En fait, cet organe que vous avez dans votre boîte crânienne, c'est quelque chose de fabuleux, de gigantesque, rassemblé dans un volume d'environ 1,4 litre. C'est la plus colossale centrale d'intelligence que la nature ait créée, sur notre terre en tout cas.

Tous les cerveaux humains se ressemblent et se composent des mêmes éléments : des milliards de cellules nerveuses, des neurones (selon les spécialistes, les chiffres vont de 10 à 100 milliards), deux hémisphères cérébraux avec un « pont » qui les relie, un cerveau dit

3. Les ordres verbaux sont donnés grâce à ce qu'on appelle la « commande vocale », c'est-à-dire des logiciels qui traduisent en code binaire les ordres donnés par la voix et en langage humain. Ces logiciels se développent de plus en plus et ils permettent aux utilisateurs d'éviter d'avoir à taper sur les touches du clavier.

« reptilien », un autre dit « mammifère » et, spécificité humaine, un néocortex.

Des milliards et des milliards de neurones palpitent sous vos cheveux et communiquent en permanence des uns aux autres. Chacun de ces neurones a des sortes de « bras », de fins prolongements appelés « dendrites » et « axones ». À l'aide de ceux-ci, le neurone établit des connexions avec plusieurs milliers de neurones voisins. Ce sont les dendrites et les axones qui permettent à l'information de passer continuellement entre les neurones à l'aide de médiateurs chimiques libérés par des impulsions électriques.

Vous devez également savoir qu'une des propriétés de vos neurones consiste à « faire pousser » les dendrites et les axones en fonction de votre activité motrice et intellectuelle. Ainsi, chaque fois que vous pensez, agissez, réagissez, innovez, apprenez, ressentez, vous générez des échanges d'information entre vos neurones, donc, vous opérez le développement de nouveaux dendrites et de nouveaux axones. Bref, quand vous faites travailler votre cerveau, *vous créez pour ainsi dire du tissu nerveux*. Quand vous êtes mentalement actif, vous multipliez les liens de communication entre vos neurones, et ce, quel que soit votre âge !

En fait, contrairement à ce que vous avez probablement appris (du fait que la recherche scientifique avance tous les jours), le cerveau ne s'atrophie pas avec le temps si on le maintient en activité[4]. Vous pouvez donc être certain que tout au long de votre vie, lorsque vous utilisez votre cerveau, vous contribuez à modifier et à rajouter des connexions interneuronales. Ce n'est qu'en vous

---

4. Certes, en cours d'existence, vous perdez quelque 500 millions de neurones, ce qui n'est rien sur la quantité de milliards de neurones dont vous disposez. D'ailleurs, pendant la gestation, l'enfant développe trop de cellules cérébrales et leur nombre se réduit déjà presque de moitié avant la naissance.

montrant complètement routinier et quelque peu végétatif que vous risquez une atrophie cérébrale. En fait, il s'agit à peine d'une métaphore lorsque l'on vous dit : « Le cerveau est comme un muscle, il faut le faire travailler pour le renforcer. »

Ainsi, votre cerveau est une entité en constante évolution et en permanente activité. Il est à votre service et à celui des buts que vous lui fixez, car il fonctionne de manière continue, même quand vous dormez, même si vous êtes évanoui. Il n'est jamais au repos et, dans les faits, il n'a pas besoin de se reposer si vous lui fournissez ses indispensables aliments : de l'oxygène et un peu de glucose.

Le cerveau humain attire à lui les superlatifs et également le respect et l'humilité, car les scientifiques ont bien compris que la quasi infinie complexité de notre matière grise risque fort d'échapper à tout jamais au pouvoir de la science. Comment celle-ci pourrait-elle en effet catégoriser, quantifier, nommer, mesurer, définir, cataloguer toutes les caractéristiques et les possibilités connues et inconnues de cet organe, tant il est vrai que les questions à son sujet sont bien plus nombreuses que les réponses ?

Vos 10 formes d'intelligence

Nous le savons bien : nous nous servons d'à peine 10 % de nos capacités cérébrales. Cela veut dire que vous avez, en permanence, énormément de réserve disponible pour apprendre, vous perfectionner, vous développer, sortir de vos limitations et desserrer les inutiles freins à l'épanouissement de vos aptitudes et de vos talents.

Et ce n'est pas tout ! Votre cerveau génère 10 formes différentes d'intelligence, ce qui n'est pas le cas des cerveaux électroniques. Évoquons-les rapidement, pour que vous puissiez constater à quel point vous êtes supérieur à ces machines informatisées qui, à tort, vous font si peur.

- *L'intelligence physique/kinesthésique*

  Cette forme d'intelligence vous permet de vous sentir présent dans votre corps et dans vos mouvements. Elle vous conduit aussi à poser des gestes avec justesse et précision. En fait, c'est cette intelligence-là qui vous fait faire exactement le mouvement approprié pour prendre la poignée de la porte, sans aller trop loin et vous casser un ongle, ni aller trop court et rater la prise. C'est elle aussi qui vous conduit à saisir la tige de la rose au bon endroit pour éviter de se piquer avec ses épines. C'est encore elle qui, lorsque vous êtes endormi, vous fait attraper l'oreiller, qui commence à tomber par terre, pour le glisser sous votre nuque juste comme il le faut pour votre confort.

Cette forme d'intelligence vous permet de faire du sport, de rattraper votre équilibre lorsqu'il est compromis, pour ne pas chuter. Elle génère les réflexes instinctifs qui sauvent parfois la vie. C'est dans cette intelligence-là que se trouvent les souvenirs liés au toucher et au mouvement. C'est elle, par exemple, qui vous permet de vous déplacer dans une pièce connue plongée dans le noir et dans laquelle des meubles se trouvent disposés.

L'intelligence physique/kinesthésique est relative à votre aptitude à vous souvenir et à apprendre par le vecteur du corps et des muscles, du toucher, du goût et de l'odorat, car elle est également en lien avec ces trois sens.

- *L'intelligence visuospatiale*

  Grâce à l'intelligence visuospatiale, vous êtes en mesure d'interpréter les informations que vous recevez par la vue, voire de modifier, de créer ou de recréer vos perceptions visuelles. C'est elle qui vous permet de visualiser vos souvenirs ou vos projets.

C'est elle aussi qui est parfois abusée par des illusions d'optique ou qui s'aperçoit de l'impossibilité d'un élément visuel. C'est elle encore qui vous permet de « remplir les trous » en imaginant les informations manquantes dans un dessin ou de constater une anomalie dans une chose vue. Voyez par exemple ci-dessous le cube de Necker. Vous le regardez pendant quelques secondes, et il change de direction ; encore quelques secondes, et il revient à sa première forme, etc. Votre intelligence visuospatiale vous permet de l'analyser dans ces deux versions.

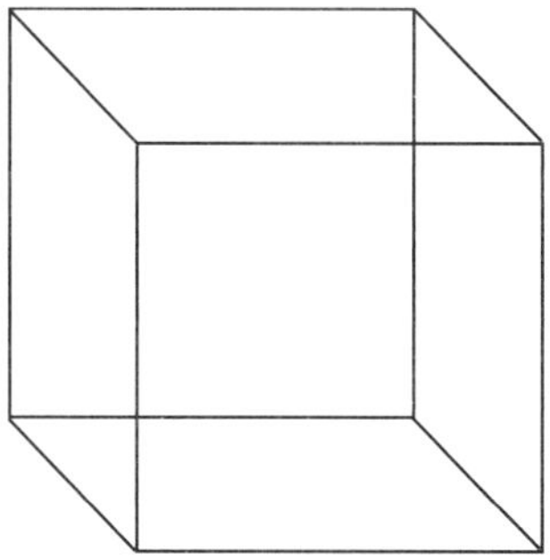

L'intelligence visuospatiale vous amène aussi à évaluer les couleurs, les volumes, les distances (ce qui est très utile en voiture !), les espaces, les contours. C'est en elle que se trouvent la mémoire visuelle et l'aptitude à apprendre par le vecteur de la vue.

- *L'intelligence auditive*

  L'intelligence auditive traite pour vous les informations qui vous parviennent par le biais de l'ouïe : tous les sons, qu'il s'agisse de bruits divers, de musique ou de paroles. Ainsi, c'est cette intelligence qui vous fait aimer, par exemple, la musique de Magma et détester celle des mariachis. C'est elle aussi que vous utilisez (alliée à l'intelligence linguistique) lorsque vous rappelez dans votre champ de conscience la conversation que vous avez eue la veille, lors de la réunion avec votre patron. C'est aussi cette forme d'intelligence qui vous sert à « vous parler à vous-même » mentalement, car la fonction auditive peut concerner aussi bien les sons en provenance de l'extérieur de vous (externes) que ceux qui viennent de l'intérieur de vous (chantonnement mental, dialogue interne, pensée verbalisée). Elle est également le lieu de la mémoire auditive et de l'aptitude à apprendre par le vecteur du son.

- *L'intelligence linguistique*
  Contrairement aux trois formes d'intelligence précédentes, lesquelles, toutes proportions gardées, se retrouvent également chez les animaux, l'intelligence linguistique, liée au langage, est plus spécifique de l'être humain[5]. C'est cette intelligence linguistique qui vous permet d'apprendre et d'utiliser les langages parlés et écrits, avec leurs règles de grammaire, de syntaxe et d'orthographe, et qui vous permet de penser en mots et en concepts.

C'est aussi elle qui vous conduit à rechercher du sens, à mettre en forme vos idées et à les transmettre aux autres. C'est elle encore qui garde en mémoire tout ce que vous avez côtoyé dans le champ du verbal, c'est-à-dire non pas des sons quelconques, mais des sons ayant un sens conceptuel : elle opère le distinguo entre ces deux types de sonorités, signifiantes et non signifiantes. Elle est liée à l'intelligence auditive pour tout ce qui est mémorisation de sons signifiants de l'ordre du langage : musique et paroles.

C'est avec cette intelligence linguistique que vous apprenez par le biais des mots et que vous pouvez les lire, les écrire et les

5. Il faut cependant nuancer ce postulat, puisque les éthologues parlent du langage des dauphins ou ont montré que des chimpanzés sont capables d'apprendre le langage des sourds-muets pour communiquer de façon pertinente avec l'homme.

comprendre. Précisons encore que l'intelligence linguistique peut vous permettre d'apprendre et d'utiliser tous les langages, qu'ils soient à proprement parler des langues, mais aussi des langages codés : solfège, chiffres et symboles mathématiques, langage binaire, tous les langages informatiques. Ainsi, le mot « langage » doit ici être compris dans son sens le plus large.

- *L'intelligence logico-mathématique*
  Cette forme d'intelligence n'opère pas au niveau des sensations-perceptions, mais au niveau de l'abstraction. Il est très difficile de la définir, parce que pour communiquer les connaissances liées à cette intelligence logico-mathématique, il est nécessaire de repasser par l'intelligence linguistique et auditive (pour la verbaliser), ainsi que visuelle (schémas, équations, graphiques, opérations de calculs). Elle ne saurait donc être « pure ». C'est de cette intelligence dont se servent les férus de mathématiques et de certaines sciences pour acquérir des connaissances de pointe et abstraites, pour discerner des modèles numériques ou logiques, et pour mener à bien de longues chaînes de raisonnement. Elle est aussi celle qu'utilisent les comptables et tous les « chiffreurs » : vous-même, lorsque vous faites vos comptes, par exemple.

- *L'intelligence réflexive* (appelée aussi « introspective »)
  Cette forme d'intelligence vous conduit à vous pencher sur vous-même, à essayer de vous comprendre, de vous juger, de faire le point sur vos forces et vos motivations, qu'elles soient souterraines ou superficielles. C'est elle aussi qui vous amène à rechercher en vous les capacités dont vous avez besoin pour agir, ou qui vous fait baisser les bras, à tort ou à raison, face à une tâche à accomplir quand vous vous en jugez inapte. C'est cette forme d'intelligence qui vous permet de dialoguer consciemment avec

votre Inconscient pour qu'il mette à votre disposition les ressources dont vous avez besoin, ou encore qui est très opérationnelle lorsque vous êtes en État Non Ordinaire de Conscience (ENOC) ou en autohypnose[6].

- *L'intelligence de communication*
  Par cette forme d'intelligence, vous communiquez avec autrui, que cet « autrui » soit vous-même (c'est-à-dire du Conscient à l'Inconscient), d'autres humains, ou bien des animaux, ou encore des choses (feuilles de papier, ordinateurs et autres NTIC inclus, évidemment).

C'est cette intelligence-là qui vous donne à la fois l'envie et la capacité de dialoguer, l'aptitude à trouver les mots dans le dit et les gestes, et les mimiques dans le non-dit, quand vous êtes en interaction avec cet autre. Avec l'aide de vos intelligences visuelle, auditive, intuitive/magique et de l'Inconscient (vous découvrirez ces deux intelligences un peu plus loin), elle vous permet de saisir et de sentir votre interlocuteur, et de réagir en fonction de cette compréhension. L'intelligence de communication vous dote aussi de moyens de concentration pour parvenir à vos fins lorsque vous êtes en interaction de communication avec un élément non humain, tel un ordinateur, par exemple.

- *L'intelligence créatrice*
  Il n'est certainement pas besoin de définir cette intelligence-là : c'est elle qui vous donne des idées, vous permet d'innover, de trouver des solutions originales dans n'importe quel domaine. Également, elle sous-tend tous les arts et toutes les inventions,

---

6. Plus loin dans ce livre, vous trouverez des méthodes vous permettant de vous programmer des ressources et de vous autohypnotiser, et vous pourrez les pratiquer facilement pour atteindre vos buts.

toutes les idées neuves et les synthèses inédites. Elle existe en chaque être humain : il vous suffit d'avoir trouvé une fois une idée ou une solution pour avoir la preuve que vous possédez cette intelligence créatrice en vous.

- *L'intelligence de votre Inconscient*
  C'est l'intelligence qui reçoit en permanence des informations dans votre environnement, qui apprend *en dehors du champ de votre conscience* et qui stocke la totalité de vos expériences. Capable de faire des synthèses originales et non conscientes de tous ces ensembles de choses et d'événements, elle se sert parfois de votre intelligence intuitive/magique pour vous les communiquer, par exemple, à travers des rêves ou des inspirations.

C'est aussi cette intelligence de l'Inconscient qui active vos forces d'autoguérison, fait battre votre cœur quand vous rencontrez votre élu(e), vous imprime une phobie pour vous protéger efficacement (ici à tort, d'ailleurs) de quelque chose qu'elle estime redoutable pour vous, ou encore élimine cette phobie dès qu'elle a compris qu'elle est sans objet.

C'est encore cette intelligence qui gère la mise en place de tous vos automatismes d'action (par exemple, le fait de monter l'escalier) et de vos façons d'agir (par exemple, vous mettre à chanter sous la douche ou bien réagir au quart de tour si votre partenaire vous parle sur un certain ton de voix). C'est toujours à elle que l'on fait largement appel lorsqu'il s'agit d'éliminer des problèmes psychologiques ou des limitations inutiles, car l'intelligence de votre Inconscient peut aussi bien « verrouiller » que déverrouiller vos attitudes et vos comportements.

C'est une forme d'intelligence extrêmement puissante et efficace, même si elle n'est pas directement accessible au Conscient. Elle est toutefois active, productive et vigilante, et totalement à votre service.

- *L'intelligence intuitive/magique*
  Vous la connaissez, l'ayant certainement déjà sentie à l'œuvre dans votre vie. Elle vous inspire d'emblée sympathie ou antipathie pour cette personne que vous venez de rencontrer. Ou bien, elle déclenche en vous une réaction instinctive, par exemple de freiner juste devant un carrefour avant même d'avoir pu voir la voiture qui allait vous couper la route indûment, vous évitant ainsi un accident peut-être grave. C'est elle aussi qui vous fait penser à Jacques, dont vous n'avez aucune nouvelle depuis deux ans, juste au moment où il va vous téléphoner. C'est elle encore qui génère en vous une sensation désagréable à l'estomac face à cette personne qui, pourtant, dit des choses positives, comme pour vous signaler que ses paroles ne sont que des bobards visant à endormir votre vigilance et à vous manipuler.

Il est vrai que l'intelligence intuitive/magique ne fonctionne pas, du moins en apparence, de façon permanente. Cependant, elle existe en chaque être humain, et chaque personne peut trouver des anecdotes de ce style à raconter. On peut dire de cette intelligence qu'elle est souvent illuminante et qu'elle est généralement très utile, car elle semble avoir quelque capacité à transcender les limites de l'espace-temps.

La seule forme d'intelligence des machines

Maintenant que vous avez pu appréhender toute la richesse et tout le potentiel de l'intellect humain, jusque dans des dimensions surprenantes frôlant le « psi », il vous est facile de constater à quel point l'intelligence des machines que vous redoutez tant est pauvre et limitée.

Comme vous le savez, les machines informatisées ne disposent en effet que d'une seule de ces formes d'intelligence, l'intelligence logico-mathématique. Il faut d'ailleurs noter que, mis à part la langue française, qui emploie le mot *ordinateur,* toutes les autres langues utilisent le terme *calculateur* (« computer » en anglais, « Rechner » en allemand).

Résumons

Si la machine n'a qu'une forme d'intelligence, vous possédez dans votre cerveau l'ensemble de ces dix formes d'intelligence, soit neuf de plus que la machine. Vous voyez qu'il n'y a pas là de quoi technostresser ou de quoi développer une technophobie !

De plus, vous pouvez développer ces 10 formes d'intelligence, de mieux en mieux, de plus en plus. Cela ne tient qu'à vous, et c'est beaucoup plus facile que vous ne le croyez.

CE TABLEAU VOUS MONTRE BIEN « L'INFIRMITÉ » DE L'ORDINATEUR PAR RAPPORT À VOUS

Vous avez 10 formes d'intelligence.	L'ordinateur n'a qu'une seule forme d'intelligence.
1. Physique/kinesthésique	
2. Visuospatiale	
3. Auditive	
4. Linguistique	
5. Logico-mathématique	Logico-mathématique
6. Réflexive (introspective)	
7. Communicative	
8. Créatrice	
9. Inconsciente	
10. Intuitive/magique	

Mais outre ces formes d'intelligence, votre cerveau, cette centrale de capacités, d'aptitudes et de talents qui a créé les NTIC et leurs machines pour son service, revêt encore d'autres particularités. En fait, il serait presque possible de dire que vous possédez deux cerveaux, deux hémisphères cérébraux auxquels la science accorde aujourd'hui des différences de « spécialités », c'est-à-dire de modes de pensée et de traitement de l'information. Vous devez donc vous servir de *tout* votre cerveau pour penser.

L'hémisphère gauche : le lieu de la pensée logique

En définitive, la créativité n'est pas du ressort du cerveau gauche rationnel.

VÉRA BIRKENBIHL, PSYCHOLOGUE

L'hémisphère gauche, on dit aussi couramment le « cerveau gauche », est reconnu comme étant le siège de la pensée logique. C'est lui qui traite les données et les faits, qui parle, contrôle, analyse, raisonne, calcule, catégorise, répertorie, compartimente, mesure et pèse. C'est lui aussi qui se réfère au passé pour comprendre le présent. Il est l'hémisphère rationnel, verbalisateur, celui de l'« intellect intellectuel », de la raison raisonnante et raisonnable. Voilà pourquoi sa façon de penser est relativement lente et trop souvent d'« extraction » plus ou moins pénible. En effet, il faut fréquemment se forcer pour lui soutirer les données que l'on recherche. À titre d'exemple, souvenez-vous, lorsque à l'école ou à l'université, vous vous trituriez la cervelle pour répondre à vos questions d'examen : ce genre d'événement sollicite tout spécialement le cerveau gauche.

Il s'occupe de quantité, et non de qualité. Cet hémisphère garde la trace du temps, exécutant les choses dans l'ordre et les organisant par séquences successives. Ainsi, il pense et réfléchit de manière *linéaire,* organisée, classée, avec des « cases » bien rangées les unes à côté des autres. Il ne conçoit les événements qu'en fonction de la causalité. Par analogie, on pourrait aisément dire de lui qu'il est l'hémisphère du Conscient (qui n'est pas la Conscience[7] !).

L'hémisphère droit : le lieu des émotions

Le cerveau droit est reconnu comme étant lié aux émotions, aux sentiments, à la sensualité et aux instincts, et cela, tous azimuts. C'est donc l'hémisphère du plaisir, de la peur, de l'expectative, de l'impatience, de la colère, du courage, de la détermination, de l'amour ou de la haine, de la tendresse ou du dégoût, de la joie, de l'extase, du sens esthétique, de l'imaginaire, du rêve, de la visualisation, etc. Certains auteurs soupçonnent même cet hémisphère d'être le siège des facultés dites « parapsychologiques ».

L'hémisphère droit s'adapte instinctivement, intuitivement ; il est inspiré et créatif. Il est capable de « lire entre les lignes », de faire preuve de flair ; il « sent », « ressent » les choses, les gens, les situations sans devoir en appeler à un jugement raisonné. Il est globalisateur, holiste, imaginatif, créatif, capable d'analogies et de symbolisation. Il s'occupe de la qualité, de la signification, donc du sens, et non de la quantité. Il n'est pas soumis à la temporalité. En revanche, il a le sens de l'espace : il voit les relations qui se tissent entre les choses, comment elles s'articulent les unes aux autres et comment les différentes parties peuvent former un tout. Il est l'hémisphère du graphisme et de la musique. En fait, c'est lui qui nous rend réceptif et sensible au beau, à l'art.

Contrairement au cerveau gauche, il procède par bonds, par associations d'idées, en sautant du « coq à l'âne », et il utilise les impressions,

7. À propos, et pour en revenir un instant aux machines des NTIC, qui sont l'objet de ce livre, si on devait faire une comparaison, et ce n'est vraiment qu'une comparaison, sur leur forme d'intelligence, on dirait que la Conscience a quelques rapports avec l'hémisphère gauche, alors que ce n'est en aucune manière le cas de l'hémisphère droit.

les sentiments, les sensations, l'imaginaire pour connecter les données. Ainsi, il pense et traite les informations de manière *non linéaire,* rapide, imagée, inspirée. Il est rapide, souvent trop rapide pour la prise de notes organisée, et se caractérise par une grande agilité psychomentale. On pourrait le mettre en analogie avec l'Inconscient.

Quand l'union des deux hémisphères fait la force

Bien sûr, une telle séparation des fonctions n'est pas à prendre littéralement, car chacun des hémisphères communique en permanence avec l'autre à travers le *corpus callosum,* soit le « pont » nerveux qui les relie. C'est donc le travail conjoint des deux hémisphères qui est à la source de votre capacité de mémorisation, de vos 10 intelligences, de vos émotions-sensations, de vos comportements, de vos pensées et de vos actions.

Le meilleur rendement, le plus efficace et le plus complet, est lié à la collaboration étroite des deux hémisphères, de façon que s'allient intellect et intuition, raisonnement et inspiration, sens du temps et sens de l'espace, raison et créativité, logique et symbolique, intelligence et émotion.

Hélas ! notre culture et notre éducation surévaluent immensément le fonctionnement de l'hémisphère gauche. De ce fait, on nous apprend à penser de façon linéaire, d'une idée à l'autre, d'un concept à l'autre, ce qui est d'une certaine manière mutilant par rapport à l'ensemble de nos capacités. Dans nos sociétés, il est aussi de bon ton d'ironiser sur l'intuition, vous savez bien : ce « machin » dont les hommes créditent avec condescendance leurs compagnes, en pensant que leur logique à eux vaut tout de même plus et mieux ? Et puis, les émotions et les sentiments ne sont pas ce qui, de notre point de vue d'Occidentaux, doit guider notre raison et notre jugement. Quant à l'utilisation de l'analogie et du symbole comme outil de compréhension du monde et comme preuve d'intelligence, n'en parlons même pas ! Pour notre culture, c'est une façon de penser « prélogique », avec tout le dédain que nous avons coutume de mettre dans ce terme lorsque nous l'utilisons.

Contre ces idées qui affirment la supériorité de l'intellect logique, et heureusement pour l'humanité, il reste que l'être humain, l'Occidental inclus, est tissé des 10 formes d'intelligence grâce à son cerveau comportant lui-même ses deux hémisphères avec leurs spécialités respectives. Alors, pourrait-on vraiment arguer que seul l'hémisphère gauche est intelligent ? Quel appauvrissement dans cette vue ! Et quel obscur désir d'infirmité psychomentale a pu mener à l'affirmation de telles notions ? Je ne sais pas. Mais il est grand temps d'en finir avec une telle vision et de devenir enfin des êtres humains les plus complets possibles : les deux hémisphères et les 10 formes d'intelligence alliées.

Apprenez à penser de façon non linéaire

Mon propos, ici, est de vous inciter à vous habituer à penser de façon non linéaire. C'est un des moyens de guérir du technostress et de la technophobie que je préconise, puisque cela tend à éliminer le réflexe de peur. Ce qui ne veut pas dire pour autant qu'il faille dédaigner le mode de pensée linéaire, très utile dans beaucoup de cas. Je considère qu'il est bon de posséder beaucoup d'excellents outils pour être en mesure de choisir les meilleurs de ces outils en fonction des situations auxquelles nous sommes confrontés, et, bien entendu, également en fonction de leur nécessité propre.

Cela dit, pour se sentir à l'aise avec les engins technologiques, il est très utile de savoir raisonner en mode non linéaire.

Tout se passe comme si les informations (programmes et fichiers) d'une machine informatique étaient placées dans un espace en trois dimensions, largeur, longueur et profondeur, et qu'à l'intérieur de cet espace les données étaient réparties comme dans des compartiments. Quand vous serez parvenu à avoir une bonne représentation mentale de ces compartiments, vous y évoluerez avec aisance — et donc, finis la technophobie et le technostress ! — et vous commencerez alors à prendre goût à manipuler les appareils des NTIC.

Quand on peut se représenter clairement les choses, on peut s'y mouvoir confortablement. J'ai vu des personnes très réfractaires aux machines informatisées qui, après avoir appris à penser sur le mode non linéaire, se sont retrouvées amoureuses de leur ordinateur et le manipulent depuis avec une belle maîtrise. Elles se sont fait un jeu de les utiliser, pas un casse-tête !

Notez bien que la pensée non linéaire qui relève de l'intelligence créatrice est une pensée créatrice, libre et large. Tous les créateurs sont capables de maîtriser cette forme de pensée. *A contrario,* se l'approprier est une excellente façon de devenir créateur. Par conséquent, même si ce n'est pas pour mettre un terme à vos technoproblèmes, vous avez tout intérêt à apprendre à penser ainsi.

Pour que tout soit bien clair, définissons tout de suite ce que sont les pensées linéaires et les pensées non linéaires.

La pensée linéaire s'articule de la façon suivante : vous prenez une idée, un concept et, étape par étape, vous procédez à son développement. Souvenez-vous de l'époque de vos études, quand vous aviez à réaliser une dissertation : vous deviez traiter, dans l'ordre, l'introduction, la thèse, l'antithèse, la synthèse et la conclusion, et développer chacune de vos argumentations à l'intérieur de ces rubriques, et suivant leur logique propre. En dehors de ces cadres et du thème, aucune autre idée ne pouvait s'intégrer dans votre travail, ce qui, nécessairement, bridait votre créativité et toute forme d'innovation. La pensée linéaire impose de suivre une seule idée à la fois et d'éliminer tout ce qui pourrait s'y rattacher de façon plus lointaine, moins rigoureuse, plus ouverte. Vous le savez maintenant, c'est là une façon de faire qui relève de l'hémisphère cérébral gauche, siège de la pensée logique, encadrée et... linéaire.

La pensée non linéaire réfère à votre capacité à improviser, à être inspiré et créatif, à associer vos idées de façon logique, analogique, symbolique, ou même bancale, approximative, ou encore poétique. Dans tous les cas, vos idées sont caractérisées par la liberté, l'efficacité, la spontanéité et la créativité.

Dans la pensée non linéaire, on reste centré sur le thème de la réflexion, car ne perdez pas de vue qu'il s'agit toujours de réfléchir, pas de faire n'importe quoi. En revanche, on peut s'autoriser de sauter d'une idée à l'autre, dans l'ordre où ces idées se présentent, et on organise tout de même ce flux d'idées de manière que cela ne soit pas seulement du délire, mais bien le fruit d'une réflexion utile et productive. Donc, on n'a pas besoin de poursuivre une idée à la fois, comme dans la pensée linéaire. Les associations d'idées autour du sujet de base fleurissent ainsi en bouquets, ce qui ouvre la voie à des extensions et à des développements inédits auxquels on n'aurait jamais pensé dans le mode linéaire.

Pour que vous compreniez bien la différence entre pensée linéaire et pensée non linéaire, je vous présente ici une expérience que j'ai menée il y a quelques années, à l'occasion d'une fête de Pâques.

Je précise ici que cette expérience s'est déroulée sur une période de deux jours. Le premier jour, j'ai caché 20 œufs en chocolat en différents endroits du jardin. Ces œufs étaient destinés au petit Karl. Alors âgé de six ans, il était le fils d'un couple d'amis allemands. Dès qu'il a su que ces friandises étaient à sa disposition, mais sans en connaître le nombre exact, Karl s'est mis à les chercher. Procédant de façon très méthodique, épluchant mètre carré après mètre carré, il lui a fallu 43 minutes pour trouver 14 œufs. Mais au bout de ce temps, lassé, il s'est arrêté de chercher. Donc, le petit Karl n'a pas pu trouver les six autres œufs, parce qu'il a négligé de regarder en hauteur, étant persuadé, pour on ne sait quelle raison, que tous les œufs devaient se trouver au niveau du sol.

Le lendemain, Karl étant parti avec ses parents, A-Mey est arrivé. Âgé de cinq ans et demi, il était le fils d'amis asiatiques. Je l'ai soumis au même protocole d'expérience en plaçant 20 œufs aux mêmes endroits que la veille. Mais le comportement du petit A-Mey a été tout à fait différent de celui de Karl. Il s'est mis à vaguer d'un endroit à l'autre, sans aucune méthode, allant de-ci de-là, regardant à différentes hauteurs, au sol mais aussi au niveau des branches, des buissons et des jardinières. En 26 minutes, A-Mey a trouvé les 20 œufs, et j'ai alors arrêté sa recherche.

Je veux préciser ici que pendant le déroulement des deux expériences, pour éviter soigneusement toute interférence, et pour n'être dans le champ de vision d'aucun des deux enfants, je suis resté dans la cuisine, les observant par la fenêtre et chronométrant leurs recherches.

Le jeune Karl a fonctionné en mode linéaire, alors qu'A-Mey a entrepris son examen en mode non linéaire, chacun d'eux affichant des rendements bien différents. Bien sûr, s'il s'était obstiné, Karl aurait fini par trouver les œufs restants, mais en y mettant encore plus de temps. Cette expérience illustre bien quels sont les avantages inhérents à l'utilisation des deux modes de fonctionnement.

Ainsi, de la façon dont vous pensez et réfléchissez (à un projet ou pour écrire un article, pour préparer une réunion ou pour traiter un thème, pour établir une liste de courses ou pour préparer une argumentation) dépend le résultat final, et ses qualités. Quand vous pensez de manière linéaire, votre cerveau gauche est spécialement sollicité, alors que le cerveau droit est sous-employé. Mais quel dommage que de fonctionner ainsi presque à moitié !

Par exemple, si vous dressez de manière linéaire la liste des objets à emporter en vacances, cela va donner un inventaire comme celui ci-dessous. Vous établissez la liste de vos données en les inscrivant les unes sous les autres, pendant que vous vous « triturez la cervelle » pour ne rien oublier, avec, très souvent, l'impression désagréable que vous oubliez sûrement quelque chose. Nous avons déjà tous vécu un tel épisode.

— Voyons, qu'est-ce qu'il me faut pour aller en Tunisie ?

- passeport
- maillots de bain
- crème solaire
- argent, chèques de voyage
- shampooing
- savon
- serviettes

— Quoi encore ?... Ah oui ! Penser aux différents vêtements :

- 3 robes
- 2 jeans
- 5 tee-shirts
- 1 robe pour danser
- 5 slips
- 2 soutiens-gorge
- 1 paire de tennis
- 1 paire de sandales

- 1 paire de tongs
- mes mules argentées
- lunettes de soleil

— Que me faut-il encore ?... Voyons... Ah oui !

- du déodorant
- mon maquillage pour les yeux, etc.

Mais lorsque vous avez terminé de dresser cette liste, vous voulez peut-être organiser ces divers objets en les plaçant dans des catégories plus logiques. Donc, vous réécrivez le tout, cette fois dans un ordre différent. Après quoi, vous viennent encore des idées d'objets, oubliés auparavant (« Ah, surtout ne pas oublier l'aspirine ainsi que la crème solaire ! »), et qui doivent être inscrits sur votre liste. Ainsi, vous devez recommencer votre liste pour que ces nouveaux objets y prennent place logiquement. Pas très rentable, cette procédure, ne trouvez-vous pas ? En tout cas, une telle façon de faire, linéaire, est bien plus pénible et prend beaucoup de temps, bien plus que nécessaire, par rapport à une manière de s'y prendre en mode non linéaire. Le remède pour y parvenir ? J'y arrive.

Le *Mind Mapping*

> *Grâce à la méthode de* Mind Mapping, *vous utilisez à plein vos capacités intellectuelles, de manière rapide et complète. Les* Mind Maps *renforcent votre mémoire, votre capacité de concentration, votre vue d'ensemble et votre efficacité. En plus, c'est amusant ! Vous pouvez les utiliser pour les petits problèmes de la vie quotidienne tout comme pour les projets les plus sophistiqués.*
>
> Morgens Kirckhoff, psychologue

Dans les faits, notre cerveau ne connaît pas la linéarité : ce sont les contraintes liées à notre culture qui ont induit artificiellement notre habitude du mode linéaire.

Le terme *Mind Mapping,* que l'on traduit en français par « cartographie conceptuelle » ou « cartographie des connaissances », fait référence à une technique de créativité, d'association d'idées et d'orientation dans l'espace conceptuel. Là où, dans la pensée linéaire, on doit suivre une idée jusqu'au bout, étape par étape[8], le *Mind Mapping* permet de recevoir les idées dans l'ordre où elles viennent et de les disposer « en compartiments » tout autour de la notion centrale, qui est le thème de la réflexion. Bien sûr, cette opération peut se faire uniquement mentalement, mais ce n'est pas à conseiller, car il faut beaucoup d'entraînement sur papier pour y parvenir. Il est donc préférable de pratiquer le *Mind Mapping* par écrit.

Le *Mind Mapping* consiste à avoir un objectif, par exemple explorer toutes les idées qui peuvent être connectées à un produit, à un projet ou à un concept, en « ratissant aussi large » que possible. De cette manière, on sollicite le travail des deux hémisphères cérébraux, le rationnel et l'inspiré.

Mais il ne s'agit pas pour autant de faire n'importe quoi. Je le répète : le but de l'opération est d'acquérir une vision claire et complète du sujet traité et de ses ramifications, des plus évidentes aux plus étranges s'il y a lieu, afin de permettre ensuite un passage à l'acte facile et efficace. Cela consiste à créer une carte mentale du sujet exploré, avec tout ce qui peut s'y rattacher. Mais dans un premier temps, il ne faut formuler aucun jugement critique pour ne pas brider la liberté du cerveau droit et risquer de « recouvrir » son fonctionnement par la chape du cerveau gauche (c'est un peu le principe

8. Le PMI qui vous a été présenté dans le chapitre précédent correspond à une approche linéaire.

de l'écriture automatique pratiquée par les surréalistes dans les années 1920-1940).

Le jugement critique peut prendre place dans un second temps, car il s'agit d'allier les talents des deux hémisphères afin de réactiver toutes les connaissances liées de près ou de loin au sujet et stockées dans la mémoire, puis de les traiter. Ce faisant, on se rapproche du fonctionnement cérébral naturel : les neurones fonctionnent « en étoiles », c'est-à-dire dans toutes les directions.

Donc, pour faire une *Mind Map,* il vous suffit d'inscrire au centre de votre feuille le thème sur lequel vous voulez travailler. Puis, jetez sur le papier toutes les idées qui vous viennent à l'esprit et qui sont plus ou moins en rapport avec ce thème, sans aucune censure et dans l'ordre où elles se présentent à votre pensée. Si c'est un « gros » thème, prévoyez une grande feuille de papier. Surtout, ne vous obligez pas à suivre une idée jusqu'au bout, sautez de l'une à l'autre, vous pourrez toujours y revenir par la suite. De cette manière, vous ne perdez aucune idée et la technique vous permet de visualiser clairement et sur papier tout ce que vous pouvez greffer au sujet central. Vous pouvez remplir les diverses zones du schéma à tout moment, au fur et à mesure que surgissent vos pensées ainsi que les informations que votre cerveau vous livre. En observant les *Mind Maps* représentées dans les figures A et B, vous constaterez que l'on ne procède pas au hasard, mais selon une configuration irrégulière, là aussi en étoile. Ne cherchez surtout pas dans ces figures une symétrie ou une régularité !

N'écrivez pas de grandes phrases dans les « bulles » ni d'abréviations dont vous risqueriez d'oublier ensuite le sens. Mettez seulement des mots-clés et un seul concept par bulle : soyez synthétique. Vous pouvez jouer avec les couleurs, les gras, les majuscules et les minuscules. S'il y a lieu, n'hésitez pas à mettre de petits dessins ou des symboles graphiques. Une *Mind Map,* c'est une façon de *faire une peinture de vos idées*. Vous pouvez compléter la « toile » à chaque instant et à tous les endroits de votre schéma, dès que de nouvelles idées vous apparaissent.

Entraînez-vous

Apprenez, entraînez-vous à penser sur un mode non linéaire et néanmoins de façon productive. Vous pouvez faire des *Mind Maps* pour des quantités de thèmes et cela vous facilitera la vie et vos prises de décision. Cela vous permettra aussi de mieux passer à l'action et bien d'autres choses encore. Ainsi, vous pouvez faire une *Mind Map*, par exemple :

- pour les dépenses
- pour vos vacances
- pour faire un rapport
- pour préparer une réunion
- pour organiser et planifier vos activités, vos projets
- pour résoudre des problèmes
- pour faire un exposé, une conférence
- pour visualiser tous les aspects d'une question, d'un domaine
- pour faire un compte rendu
- pour transmettre des informations de manière originale, inédite
- pour amplifier votre créativité
- pour vous aider à « extraire » de vous vos idées
- pour exercer votre mémoire
- pour préparer un article, un livre
- pour réviser un examen
- pour vous mettre au clair avec tout ce que vous inspire un domaine ou sur tout ce que vous savez sur lui
- pour trouver des solutions et être en mesure de choisir les meilleures
- pour trouver tous les bénéfices que vous retirerez de votre guérison du technostress, de la technophobie

La figure A présente la structure d'une *Mind Map* : le nombre de branches, de tiges et de rameaux est, bien sûr, fonction du thème choisi et de l'inspiration. À titre d'exemple, dans la figure B, je vous livre une partie de la *Mind Map* que j'ai faite avant de rédiger cet ouvrage. En effet, la totalité de cette *Mind Map* ne tiendrait pas sur une seule page de ce livre ni même sur deux pages.

Notez bien que chacune des branches peut souvent devenir le thème d'une nouvelle *Mind Map,* qui peut être à son tour l'objet de développements et dont on peut, à l'examen final, relier les concepts ayant une parenté.

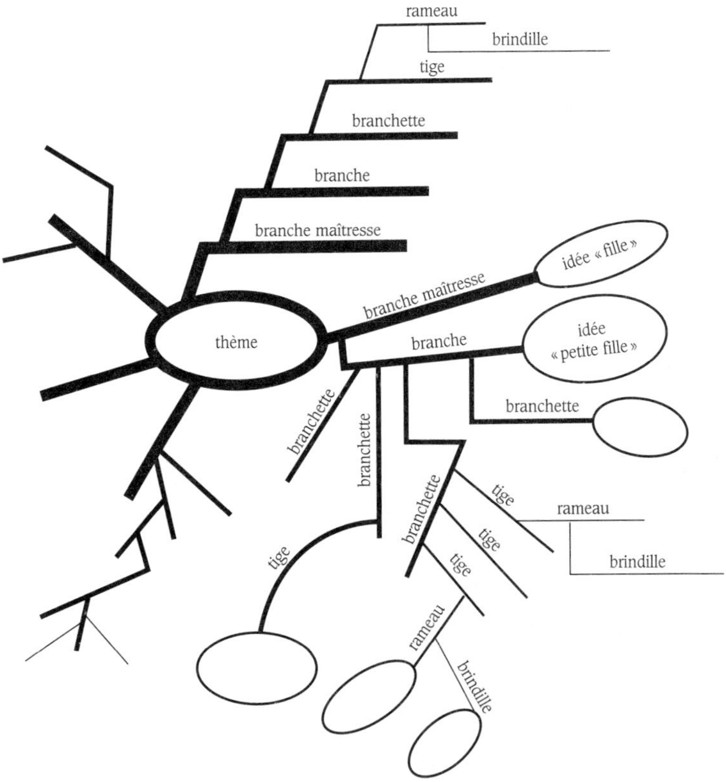

Figure A

Structure d'une *Mind Map*

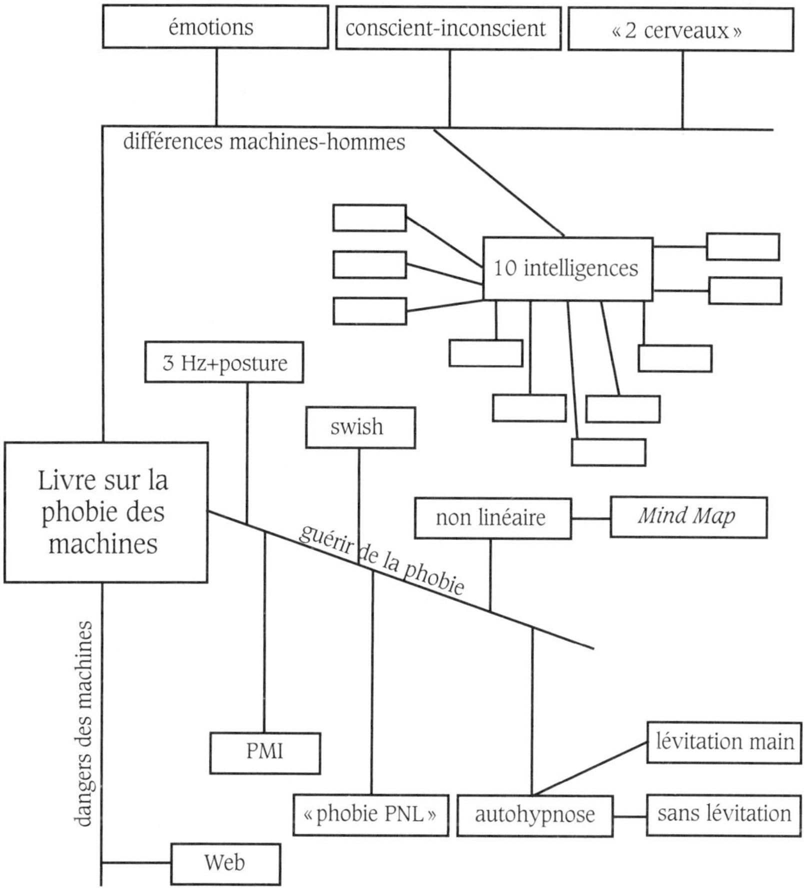
émotions
conscient-inconscient
« 2 cerveaux »
différences machines-hommes
10 intelligences
3 Hz+posture
swish
Livre sur la phobie des machines
non linéaire
Mind Map
guérir de la phobie
dangers des machines
PMI
lévitation main
« phobie PNL »
autohypnose
sans lévitation
Web

Figure B

Les avantages de la *Mind Map* pour faire face au technostress et à la technophobie

Voilà. Vous pouvez maintenant vous entraîner en réalisant vos propres *Mind Maps*. Mais peut-être vous demandez-vous à quoi peut bien servir un tel apprentissage de la pensée non linéaire par rapport au technostress et à la technophobie ?

Tout d'abord, par le biais de la pensée non linéaire, vous pourrez établir une « alliance » entre vos deux hémisphères cérébraux, bénéficiant de ce fait des pouvoirs de votre hémisphère droit, généralement sous-utilisé, et vous pourrez ainsi développer votre esprit de synthèse. En faisant travailler votre cerveau de la sorte, vous vous donnerez également la possibilité de vous créer du tissu nerveux par le développement de nouveaux dendrites et axones. Vous stimulerez aussi vos intelligences visuospatiale, linguistique et créatrice. Et tout cela *vous donnera beaucoup plus confiance en vos propres capacités intellectuelles*. Ce qui ne peut qu'affecter un des fantasmes fréquents des personnes qui souffrent de technostress et de technophobie : le sentiment de ne pas (ou de ne plus) pouvoir être à la hauteur. De surcroît, *vous verrez que votre créativité et votre aptitude à trouver des solutions et des idées seront toniques et opérationnelles.*

Par conséquent, vous constaterez que toute réflexion fondée sur le mode non linéaire *vous permettra de vous sentir rapidement tonique, pétillant et mentalement agile*. Vous ne manquerez donc pas de remarquer un gros contraste avec la réflexion qui résulte du mode linéaire, toujours plus ou moins pesant, dans lequel il faut forcer le cerveau à fonctionner. D'ailleurs, ces expressions populaires bien connues ne décrivent-elles pas parfaitement cela : se « triturer la cervelle », se « presser le citron » ?

Mais pour quelle raison ces idées pétillantes, dynamiques et satisfaisantes se mettent-elles en place dans la pensée non linéaire ? La réponse à cette question se trouve dans la composition chimique même de votre cerveau, qui sécrète alors des endorphines, lesquelles sont nos « drogues » euphorisantes endogènes. Pourquoi endogènes ? Tout simplement parce qu'elles sont fabriquées par l'organisme même et ne proviennent pas de l'extérieur. Certaines de ces endorphines *provoquent des sensations de bien-être et de plaisir.* Leur synthèse par le cerveau est fonction des activités physiques ou mentales de chaque personne et *la façon de réfléchir a une incidence sur cette production.* Voilà donc une bonne raison de plus pour que vous appreniez à penser de façon non linéaire. Il ne vous reste maintenant qu'à vous y exercer, qu'à vous y entraîner.

Par ailleurs, le mot « phobie » vient de *phobos,* qui, en grec, signifie peur, crainte. Les phobies ont donc précisément pour source la peur de ne pas y arriver, de ne pas être à la hauteur de la tâche, de faillir, d'être mal jugé, etc. Vous entraîner à penser sur un mode non linéaire est un des excellents moyens de lutte contre le technostress et la technophobie, et ce, grâce aux endorphines, à votre confiance dans vos capacités intellectuelles et dans votre dynamisme mental. En effet, on le sait bien, la confiance en soi et en ses aptitudes est l'antidote quasi idéal pour éliminer la peur et le stress.

Il me reste encore un argument de plus à vous donner : quand vous serez mieux familiarisé avec les NTIC, il vous sera très utile *d'arriver à vous repérer dans les contenus* (programmes et fichiers) de votre machine informatique. Pour ce faire, votre capacité à vous représenter ces éléments dans l'espace par le biais du *Mind Mapping* vous sera un atout maître. Mais ceci est une autre histoire : votre future histoire.

À présent, partons à la recherche de ce qui a créé et alimenté en vous, de façon souterraine, le technostress, ou pire, la technophobie, et bridé votre élan pour l'apprentissage des appareils informatiques. Si mieux se comprendre, mieux se connaître sont parmi les grandes clés qui ouvrent les portes du technosuccès, il faut aussi tenir compte de l'influence que certains mythes exercent sur nous dans nos rapports aux machines et aux NTIC, et, pour réussir à contrer cette influence, il importe de connaître leurs antidotes. C'est ce que je vous propose de faire maintenant.

En effet, dans la première partie, nous avons vu quels éléments alimentent le technostress et la technophobie au niveau *conscient,* soit la peur d'atteindre son seuil de Peters et les idées plus ou moins fausses sur les NTIC.

Dans la seconde partie de ce livre, je vous propose donc d'analyser les éléments inconscients qui peuvent vous poser problème, de manière à les aborder avec sérénité. Sans doute êtes-vous intéressé d'apprendre que vous possédez à l'intérieur de vous des ressorts et des contenus secrets, et de les découvrir dans les pages qui suivent, lesquelles, après tout, *ne parlent que de VOUS.* Alors, partons maintenant en exploration dans votre psychomental pour que vous puissiez poser une sorte de diagnostic de votre problème de technostress ou de technophobie, et pour mettre en place les éléments qui favorisent la guérison nécessaire de ces syndromes. C'est bien pour cela que vous lisez ce livre, n'est-ce pas ?

Vous allez donc tout d'abord découvrir les divers mythes dans lesquels sont enracinés le technostress et la technophobie : mythe de Frankenstein, de Hal, du Golem, du génie familier, du « dieu qui parle », de Big Brother, de l'« horreur économique ». Ensuite, je vous propose de nouveaux moyens de vous guérir de l'emprise du ou des mythes qui vous handicapent dans votre rapport aux NTIC :

la méthode du cinéma, la méthode du *swish*, de l'autohypnose, de l'autoprogrammation de ressources et la technique de la visualisation. Tous ces outils de guérison, ces antidotes sauront assurer votre tranquillité d'esprit, et votre saine et sereine maîtrise des machines informatiques et autres ordinateurs.

SECONDE PARTIE

Les mythes et leurs antidotes

6

LA PUISSANCE DES MYTHES SUR VOUS

De nos jours, c'est fort connu, le psychomental de l'être humain comporte un Conscient et un Inconscient. Rappelons que le Conscient est la partie de vous qui raisonne, rationalise, utilise le langage verbal, apprend, calcule et mesure le temps qui passe. Votre Inconscient s'occupe de tout le reste : vos émotions et vos sentiments, vos instincts, votre intuition, vos résistances, vos inhibitions, vos blocages, vos phobies. L'Inconscient gère simultanément les moteurs secrets souterrains de vos comportements, de vos goûts et de vos dégoûts, de vos croyances.

Le Conscient analyse, l'Inconscient ressent. Le Conscient fonctionne à l'aide de concepts intellectuels, l'Inconscient à l'aide de mythes et de symboles.

Qu'est-ce qu'un mythe ?

Le mythe est une construction, un récit ou une représentation issus de l'imagination. Implanté dans un esprit humain, *il exerce une action sur le comportement, les croyances et les convictions de la personne.*

À titre d'exemples, je peux citer les cas de quelques personnes que j'ai rencontrées à mon cabinet. Habitée par le mythe d'un certain héros, Fanny n'est attirée que par les hommes du type Rambo, aventurier et très macho. Inévitablement, ses relations sentimentales s'achèvent en quelques mois tout au plus par le départ du monsieur « vers d'autres aventures ». Il y a également le cas d'Octave, « victime » du mythe de la femme-enfant, style Brigitte Bardot du temps de sa splendeur, et qui, à cause de ce mythe, a complètement raté sa vie affective. Après quatre divorces, presque autant de pensions alimentaires, âgé de près de 60 ans, il se retrouve seul et sans grandes perspectives d'avenir. Pour sa part, Axelle est imprégnée du mythe de Peter Pan, le jeune garçon qui vole. Ce mythe lui donne la passion de tout ce qui est ailé : les anges, les oiseaux. Elle a une volière magnifique et plusieurs paons dans son jardin. Il y a enfin Samuel, qui est habité par le mythe de Pan. Il s'agit ici de ce dieu de la mythologie grecque qui joue si merveilleusement de la flûte en roseau que toutes les nymphes lui tombent dans les bras. Dans la lignée de son mythique héros, Samuel est donc à la fois un excellent musicothérapeute et un séducteur invétéré !

Mythes, technostress et technophobie

Ce que ces quelques exemples nous apprennent, c'est que *le mythe présent dans un esprit humain, de quelque façon et sur certains plans, contrôle le comportement et les croyances de cet humain.* Bien sûr, le mythe ne s'implante pas dans une psyché parce que la personne en a délibérément décidé ainsi. C'est d'ailleurs en cela qu'il est puissant : il va se nicher dans les forces profondes de la personne, à son insu même, et, à partir de là, il influence la personne et dicte sa loi.

Tout au long de sa vie, chaque être humain est en contact avec des mythes, sous la forme de récits, de représentations, de « héros » ou de « modèles », de contes, de légendes, etc. Pour des raisons qui ne seront jamais pleinement élucidées, certains de ces mythes deviennent concernants pour la psyché. Tout se passe comme si un tri s'opérait dans tous ces corpus, non pas de façon réfléchie, volontaire et consciente, mais en fonction de ce que je pourrais appeler des « élans du cœur » jouant non pas dans le domaine du Conscient, mais dans celui de l'Inconscient. Par exemple, Axelle a certainement ressenti un grand plaisir, tout comme elle a dû vivre intensément dans son imaginaire, à la lecture du récit des aventures de Peter Pan. Tombé amoureux de Brigitte Bardot dans sa jeunesse, Octave a intégré l'image de ce type de femme comme étant celui de son idéal féminin. Mais il a également intégré inconsciemment la longue liste des échecs sentimentaux notoires vécus par son idole. Ainsi, la logique de ce mythe veut qu'une union stable ne soit pas possible avec son modèle femme-enfant. C'est pourquoi Octave, sans en être conscient, a toujours manœuvré pour saboter ses mariages, avec le succès que l'on sait !

Je le répète, et j'insiste sur ce point : un mythe implanté dans une psyché a le pouvoir d'influencer le comportement de la personne lorsqu'elle est en corrélation avec ce mythe. Par conséquent, un mythe positif « poussera » la personne vers le haut. Un jeune habité par la figure d'un grand sportif, comme l'athlète Carl Lewis ou le champion olympique de judo David Douillet, tendra tout naturellement à privilégier des valeurs telles que le *fair-play,* l'esprit d'équipe, la force de caractère, la persévérance. Par contre, un mythe négatif « tirera » la personne vers le bas, comme c'est le cas des mythes que nous examinerons plus loin dans ce chapitre, et qui génèrent technostress et technophobie.

En fait, la peur irraisonnée de quelque chose a le plus souvent un soubassement mythique, même si, plus en surface, la rationalisation peut y trouver des explications moins « chargées ». Toutefois, ces « bonnes » raisons rationnelles ne permettent pas une vraie compréhension du problème, encore moins la mise en place de solutions efficaces, et ce, pour une raison évidente : le rationnel est de l'ordre du Conscient, alors que le mythe est de l'ordre de l'Inconscient.

Dans le chapitre qui suit, vous découvrirez quels éléments souterrains, quels différents mythes mobilisent votre peur et alimentent votre niveau de technostress et de technophobie envers les machines informatisées. Cela visera en partie à informer votre cerveau gauche, qui pourra ainsi comprendre intellectuellement, et en partie, à « parler » de façon imagée à votre cerveau droit. Les uns ou les autres de ces mythes vous concernent. Toutefois, vous ne saurez probablement jamais lesquels, ni pourquoi ni quand vous les avez intégrés. Dans le fond, ce n'est pas cela qui est important, car ce genre de renseignement n'a jamais guéri une personne de ses limitations. Au contraire, ce qui est important, c'est que vous changiez vite et bien pour devenir les technomaîtres de ces machines !

Pour éliminer au mieux l'impact d'un mythe négatif, il convient d'agir là où il se trouve, c'est-à-dire dans l'Inconscient, afin de le remplacer par un « bon » mythe : constructif, poussant vers le haut, facilitant l'action et l'épanouissement. Les techniques thérapeutiques proposées dans le chapitre 8 ont de telles propriétés et sont, en effet, des remèdes efficaces pour dévitaliser et éliminer cette mythologie négative. Elles vous permettront de disposer d'un pouvoir d'action sur les NTIC, puis de les maîtriser.

7

DES MYTHES FACTEURS DE TECHNOSTRESS ET DE TECHNOPHOBIE

Les mythes de Frankenstein et de Hal ou la « science maudite »

Un problème particulier nous occupe ici : les NTIC ont été mises au point par la science et ont été longtemps « servies » exclusivement par les scientifiques, comme c'est le cas, par exemple, de l'ordinateur ENIAC, dont j'ai parlé précédemment.

Qui en est le maître ?

Ainsi, dans l'imagerie populaire, les hommes en blouse blanche, à la fois créateurs et serviteurs des NTIC, font partie intégrante du mythe du cerveau électronique. Plus encore, il y a là une entité bicéphale : le savant et sa créature, dont on ne parvient pas toujours à savoir, sur le plan mythique, lequel des deux est le maître de l'autre.

Notez bien que nous sommes totalement dans la mythologie, parce que notre Occident a développé le mythe de la science presque au même titre qu'une « religion athée ». Le scientifique d'aujourd'hui est comparable au prêtre de ce culte. Il est celui qui sait, celui qui a accès aux secrets et aux arcanes cachés au commun des mortels. Il est l'intermédiaire entre les hommes « ordinaires » et quelque chose de plus ou moins transcendant : la science en tant qu'entité abstraite. Comme c'est le cas dans toute forme de culte d'ailleurs, il y a là aussi une fâcheuse propension à placer un net distinguo entre l'« élite sacerdotale » et le peuple des croyants, ces derniers se sentant bien inférieurs à la caste de ceux qui s'affirment détenteurs du savoir.

Alors, comment s'étonner du fait que cette assimilation quasi mythique de l'humain en blouse blanche avec les produits du « dieu Science », soit, dans le cas qui nous occupe, les « cerveaux » électroniques et autres machines, puisse générer un sentiment d'infériorité chez nombre de nos contemporains qui ne se sentent pas appartenir au cénacle ? Voilà justement un aspect dans lequel la technophobie et le technostress puisent leurs sources.

Un autre aspect mérite encore d'être évoqué : tout culte se fonde sur la croyance qu'il existe des prêtres « blancs » et des prêtres « noirs ». Le savant n'échappe pas à cette règle. *Dans l'imagerie populaire,* il y a donc le type du savant qui entre dans la catégorie du « savant blanc », comme c'est le cas pour Einstein, puis celui du « savant fou », une figure issue des productions de l'imaginaire (littérature, cinéma, bandes dessinées). De type « docteur Frankenstein », le savant fou entre dans la catégorie du « savant noir ».

Or, de nos jours, le grand public n'est pas sans savoir que l'histoire de la science a été émaillée de nombreuses découvertes qui ont débouché sur des moyens de destruction massive et sur les multiples sources de pollution chimiques, bactériologiques et nucléaires que nous connaissons bien. En mettant en danger notre écosystème, ces formes diverses de pollution menacent également la survie de notre espèce, alors qu'elles ont déjà entraîné l'extinction de beaucoup d'autres formes de vie sur notre belle planète bleue. Aujourd'hui, chaque adulte a encore en mémoire la « peur de la bombe » qui a hanté l'Occident pendant toutes les décennies qui ont suivi la Seconde Guerre mondiale, ou encore les terrifiants épisodes de Tchernobyl et de Bhopal.

Le « dieu Science » serait-il donc pervers ? Non, car heureusement, il y a aussi toutes les merveilles créées grâce à la connaissance scientifique, et que l'on retrouve dans nombre de domaines, comme la découverte de l'électricité, les moyens de transport de plus en plus rapides, les progrès en médecine et en chirurgie, et, tout récemment, le développement des NTIC.

Cependant, dès que l'on est confronté à une difficulté, ce ne sont pas ces qualités que l'on perçoit, et c'est précisément à ce moment-là que l'on tend à ne prendre en compte que ce qui est négatif ! Et voilà que le mythe de la « science maudite » s'active par *un glissement du réel à l'imaginaire,* alors que surgit le spectre de la « science folle » et des « savants fous », ces « prêtres noirs », sorciers pernicieux et dangereux qui jouent avec le feu au risque de brûler chaque homme qui entre en contact avec eux et leurs œuvres.

N'est-ce pas là une belle image pour étayer une phobie sur une base mythique ? Car, si on assimile *inconsciemment* les scientifiques qui ont créé les ordinateurs et autres machines à des savants noirs, le fait d'utiliser leurs productions revient à entrer en contact évidemment avec quelque chose de dangereux. Donc, ne vaut-il pas mieux s'en garder à distance si on veut éviter le péril implicite ? Voilà certainement un des aspects sous-jacents de la technophobie et du technostress.

Notez bien que notre imaginaire populaire a largement de quoi alimenter ce mythe-là. En effet, ne regorge-t-il pas de scientifiques fous, véritables prêtres noirs d'une « science maudite », créant un être qu'ils ne maîtrisent plus et qui finira par les détruire, eux et leurs proches ? Rappelez-vous.

Le mythe de Frankenstein

L'histoire se passe dans une ville germanique et met en scène ce savant, le docteur Frankenstein, qui est certain qu'il parviendra à réanimer un homme en faisant jaillir en lui l'étincelle de vie, grâce aux pouvoirs de l'électricité. Et alors... Alors, il prend des morceaux soigneusement sélectionnés de cadavres frais :

— là, une tête, choisie pour la beauté du visage ;

— ici, un tronc, pour sa force ;

— et encore des jambes, pour leur agilité ;

— et, bien sûr, des bras, pour leur puissance ;

— et enfin, un cerveau de qualité, celui d'un homme de grande intelligence et de sagesse.

Le savant s'attend à ce que l'assemblage de tous ces morceaux donne forme et vie à une créature parfaite. Mais hélas ! elle sera ratée, terriblement ratée.

Pourtant, le savant a recouru dans son travail à toute sa science, à tous les moyens les plus modernes. Il y a mis toute sa passion, sa conviction, ses efforts ; il y a investi tout son argent. Son expérience a bien failli réussir, puisque la créature s'est animée, a pris vie et a commencé par la suite à apprendre, à agir. Malheureusement, quelque chose va se mettre à aller de travers. Échappant au contrôle de son créateur, la créature devient méchante et s'enfuit, semant désolation et terreur sur son passage. Elle va même aller jusqu'à tuer des gens innocents de manière horrible.

L'histoire s'achève sur une confrontation mortelle opposant le savant à sa créature. Entre-temps, nombre de personnes ont souffert au moment où leur chemin a croisé celui du monstre, qui pourtant devait être un chef-d'œuvre de bonté, d'intelligence et de sagesse illuminant le monde.

Le mythe de Frankenstein met en scène un savant qui, dans le cadre de ses expériences scientifiques, se trompe et crée une horreur : elle détruira son créateur, mais aussi d'autres êtres humains. Créé au XIXe siècle par la romancière britannique Mary Shelley, ce mythe a beau être d'invention récente, il n'en « vibre » pas moins fortement dans notre imaginaire collectif. C'est même pour cette raison que, de nos jours encore, chacun sait en raconter l'histoire et que le cinéma peut en produire une énième version qui trouvera toujours son public.

Mais qu'y a-t-il donc de si fascinant dans ce récit qui relate l'échec du docteur Frankenstein ? Il y a dans cette histoire une peur atavique : celle de l'« autre », un « autre » artificiel parce que non créé par la Nature, un « autre » issu de la folie mégalomaniaque du savant (autrefois du magicien) jouant à l'apprenti sorcier avec des forces et des éléments qu'il ne maîtrise pas, et qui vont finir par lui échapper et le détruire.

Voyez-vous l'analogie avec les machines des NTIC ? Oui, elles aussi ont été créées par des savants. On parle à leur propos d'« intelligence artificielle », de « cerveau électronique », ce qui pourrait vouloir signifier que la machine a un cerveau, tout comme l'homme, et qu'elle est intelligente, tout comme l'homme.

Dès lors, pour concevoir la machine comme un dangereux rival de l'homme dans l'ordre de la domination sur le monde, il n'y a qu'un pas très facile à franchir, tout au moins sur le plan émotionnel, et cela, même si la raison raisonnante dit le contraire.

Ainsi, ce que j'appelle le « mythe de Frankenstein » est une des composantes souterraines possibles de technophobie et de technostress. Tout au fond de ceux qui subissent ces deux affections niche l'idée non consciente que le contact avec ces appareils va les obliger à y laisser une grande part d'eux-mêmes. Si le docteur Frankenstein a été vaincu par son monstre, tout comme les malheureux humains qui ont croisé son chemin et qui ont perdu la vie, alors, analogiquement, l'homme qui entre en contact avec l'objet technologique à puces doit y perdre quelque chose. Mais en la matière, un autre problème encore se pose.

Le mythe de Hal

Dans les faits, les scientifiques, créateurs de l'ordinateur, ne peuvent pas être assimilables à des savants fous. Ce n'est que par un glissement du réel à l'imaginaire, que par l'activation du mythe, que cette assimilation peut s'opérer. Et le mythe suggère ceci : comment peut-on être certain, absolument certain que leur création ne se révélera pas être, du fait de quelque évolution perverse, une création redoutable, venimeuse, destructrice ? Là aussi, les récits horrifiques qui vont dans ce sens ne manquent pas.

C'est le cas, par exemple, de ce chef-d'œuvre du septième art qui a pour titre *2001, l'odyssée de l'espace*, créé à partir d'un scénario original de Stanley Kubrick et de l'auteur de science-fiction Arthur C. Clarke.

Réalisé en 1968, ce film fait à présent partie des trésors culturels du XXe siècle, tout comme il imprègne la conscience collective des Occidentaux, car rarissimes doivent être ceux et celles qui ne l'ont pas vu. Comme vous faites très probablement partie des spectateurs de ce film (que ce soit au cinéma ou à la télévision, où il repasse avec une certaine régularité), vous saisissez sans doute déjà en quoi il a un rapport avec mon propos, qui vise à vous guérir de vos difficultés avec les machines.

En effet, ce film met en scène un « monstre » destructeur au cerveau dérangé : l'ordinateur Hal. Celui-ci dirige tous les systèmes d'un vaisseau spatial en route pour Jupiter. Il effectue également tous les calculs nécessaires à sa trajectoire ainsi qu'au réglage des différents éléments vitaux pour les hommes qui sont à son bord : oxygène, régulation de la température, etc. Mais voilà, Hal devient « fou » et entreprend d'éliminer un à un les spationautes. Il parvient ainsi à tuer chacun des spationautes à l'exception d'un seul, lequel réussit enfin à grand-peine à vider toute la mémoire de Hal et, de ce fait, à le rendre inoffensif en le « tuant » de cette manière. Le scénario ne manque d'ailleurs pas d'« anthropomorphiser » Hal. Au fur et à mesure de l'extinction successive des différents programmes lui donnant ses connaissances, ses pouvoirs et sa personnalité, ces manipulations le mènent progressivement à sa « mort », car Hal régresse jusqu'à atteindre une sorte de stade infantile, chantonnant une comptine et suppliant qu'on le laisse exister, *vivre.*

Le mythe de Hal, voilà donc encore une autre cause souterraine du syndrome de la technophobie et du technostress. Tout comme la créature folle représentée par le monstre de Frankenstein, la machine folle peut également se retourner contre son créateur, son maître. Bien avant que le scénario de *2001, l'odyssée de l'espace* soit porté à l'écran, la littérature de science-fiction abondait déjà en récits horrifiants dans lesquels, tout comme Hal, les machines détruisent l'humanité et prennent la place des êtres humains de manière à devenir les maîtres du monde. D'ailleurs, aujourd'hui encore, ce mythe perdure dans la littérature. L'extraordinaire roman de Jean-Michel Truong, *Le Successeur de pierre* (1999), en est un exemple : l'homme a été voué à créer la machine et, une fois qu'il a rempli cette mission, il ne lui reste plus qu'à s'effacer et à disparaître. Le cinéma non plus n'est pas en reste quand vient le temps de véhiculer ce mythe de la machine folle. L'extraordinaire succès mondial d'un film comme *Matrix,* dans lequel les machines utilisent les corps de tous les humains pour s'alimenter en énergie, montre bien que ce mythe « vibre » fortement dans l'imaginaire collectif.

Mais peut-être vous êtes-vous trouvé à l'abri de ce mythe du fait que vous n'avez pas été, ou que vous n'êtes pas un amateur de science-fiction ? Même si cela est le cas, vous avez tout de même pu être « intoxiqué » par l'idée de l'inéluctable malfaisance des machines envers les hommes, laquelle, si elle ne se manifeste pas tout de suite, sera tout de même inévitable plus tard ! Vous avez certainement déjà entendu une personne dans votre entourage ou ailleurs exprimer, au détour d'une phrase, toute son antipathie pour les machines à électrons ou bien sa peur d'elles. Et si cela se produit, c'est tout simplement parce que ce genre de concept est solidement ancré dans notre culture, et ce, depuis des décennies.

Une telle attitude chez l'homme est-elle liée à un pessimisme fondamental ou à un « complexe de catastrophes » ? Peut-être pas. Quand tout va bien, cela ne donne généralement pas lieu à une littérature abondante ou à de nombreux films, du fait que cette situation manque de rebondissements, de suspense, de ressorts dramatiques. Peu spectaculaires, la félicité et la sécurité demandent moins de mots et d'images que la tourmente, et il suffit de lire les journaux pour constater que nous sommes dans une culture du catastrophisme. Donc, pour avoir des lecteurs et des spectateurs, il vaut mieux décrire des problèmes et des horreurs !

Non, les machines ne vont pas dominer le monde !

En réalité, les machines d'aujourd'hui, produites par la science (pas la « science maudite » !), sont encore de petites choses maladroites auxquelles on n'arrive à faire faire que peu de chose. Nous sommes à des années-lumière d'une machine capable de faire tout ce que l'homme sait faire — à l'exception des calculs — et l'androïde génial, plus beau, plus intelligent, plus adaptable, plus créatif que l'être humain, n'est toujours qu'un rêve d'auteur de science-fiction.

Bien sûr, en 1999, au Japon, on a pavoisé d'avoir créé un petit chien-robot qui reproduit quelques attitudes et gestes du chien vivant. On s'exalte aussi du fait qu'un robot aspirateur à poussière est arrivé sur le marché. Mais les recherches en robotique, pour passionnantes qu'elles soient, n'ont pas obtenu de très grands résultats à ce jour : tout juste des engins qui prolongent le bras humain et de petits robots plus ou moins maladroits dans leurs déplacements et leurs prestations. C'est dire que l'affreux de *Robocop 2,* ou le sublime androïde blond et philosophe du film *Blade Runner,* ce n'est pas pour tout de suite ! Du reste, dans le chapitre consacré au cerveau humain, vous avez déjà vu à quel point la distance est incommensurable entre l'homme et la plus perfectionnée des machines actuelles. Quant à ce futur très éloigné où l'humanité aura *peut-être* conçu de si parfaites machines qu'elles approcheraient l'intelligence, les capacités et l'habileté de l'homme, pourquoi faudrait-il déjà nous en préoccuper ? Nous, gens d'aujourd'hui et même du futur proche, aurons alors disparu depuis longtemps et, de ce fait, nous mettre martel en tête pour cette hypothétique perspective apparaît vraiment non pertinent.

Alors, ne vous empêchez pas de vivre pleinement aujourd'hui et de vous servir de nos modestes (en prestations) machines-esclaves, qui ne peuvent que vous faciliter la vie ! Et ne vous laissez plus limiter par les fantaisies, fussent-elles géniales, des auteurs et des réalisateurs de science-fiction. En d'autres termes : guérissez vite des syndromes du technostress et de la technophobie.

La parole des victimes du mythe de la « science maudite »

Pour finir avec le mythe de la « science maudite », voyons en quels termes nos contemporains réfractaires aux machines, pourtant bien loin du Frankenstein, style XIXe siècle, ou du Hal, style XXIe siècle, prétendent être victimes de l'un ou de l'autre de ces mythes. Voilà deux témoignages que j'ai recueillis :

Kim :

— On ne sait jamais ce qu'on a mis dans le ventre de ces machines ! Si ça se trouve, il y a dedans des trucs plus ou moins subliminaux qui pourraient nous influencer malgré nous !

Ou encore, Patricia, une jeune femme pourtant nullement nourrie de science-fiction :

— Si c'est intelligent, comme on le dit, ça peut aussi se détraquer, devenir dingue !

— Et dans ce cas, qu'est-ce que cela pourrait faire ?

— Je ne sais pas. Mais les savants ont souvent joué les apprentis sorciers. Alors, il vaut mieux y aller en y regardant à deux fois que d'y aller sans méfiance !

— Si je comprends bien, vous y allez, mais tout doucement ?

— Bon, ce n'est pas urgent. J'ai tout mon temps pour m'y mettre. On verra plus tard.

Bien sûr, ce « plus tard » peut aussi vouloir dire « jamais », si une telle technophobie n'est pas éliminée.

Les mythes du Golem et du génie familier : la « magie maudite »

La science serait-elle donc notre magie ? En fait, mettre les deux en regard n'est pas si étrange que cela, car, après tout, nos scientifiques parviennent à réaliser beaucoup de choses qui étaient autrefois attribuées à la magie :

- entrer en contact/parler/voir à distance ou avoir des informations dont la source est très lointaine (téléphone, télévision, Internet, télescope, radar, satellite) ;
- percer certains mystères (microscope) ;
- guérir (biologie moléculaire, rayons) ;
- voir au-dedans des choses (radiographie, scanner, sonar) ;
- accéder à des profondeurs ou à des hauteurs inaccessibles (bathyscaphe, fusée) ;
- poser une action destructrice à grande distance (bombardements, missiles) ;
- détruire autrui sans contact matériel perceptible (armes bactériologiques, chimiques) ;
- changer le climat (équipement à faire pleuvoir et neiger localement, effet de serre) ;
- transmuter la matière (bombardements de particules, génie génétique).

En fait, la seule chose que la « magie » de l'Occident, la science, ne fait pas par rapport à l'ancienne magie, c'est de chercher à entrer en contact avec des « esprits » et autres entités d'un au-delà. Encore que certains pays occidentaux envoient des signaux dans l'espace vers les étoiles pour le cas où des cultures extraterrestres les capteraient.

Ainsi, analogiquement, sur le plan des effets, il y a de grandes ressemblances entre la science et la magie, et ce, à un point tel que nombre de cultures traditionnelles (chez les Amérindiens, les aborigènes d'Australie, les ethnies africaines et asiatiques) ont cédé devant les entreprises de l'Occident, *parce qu'elles y ont vu une magie plus puissante que la leur*! Et même si nous avons du mal à reconnaître le fusil et le canon comme instruments magiques, il n'en demeure pas moins qu'une telle interprétation reste possible : il suffit de déplacer légèrement le point de vue pour que la balle et le boulet deviennent l'équivalent d'un sort qui a été jeté.

Très réceptive aux mythes, la psyché humaine a tôt fait d'associer des corpus qui présentent de grandes analogies symboliques entre eux, ce qui est ici le cas. C'est pourquoi j'entends maintenant aborder les mythes de la « magie maudite », et vous allez vite comprendre en quoi ils concernent la technophobie…

Tout comme la science peut compter sur ses « prêtres blancs » et ses « prêtres noirs », la magie elle aussi peut se revêtir de blanc ou de noir. Autant la magie blanche est considérée bénéfique, autant la magie noire est estimée maléfique. Qu'est-ce qui permet plus exactement de distinguer ces deux formes de magie ? Tout simplement leurs effets. La magie blanche fait du bien, résout des difficultés sans provoquer de dommages, elle est source de guérison, de prospérité ou de paix. La magie noire apporte avec elle la maladie ou même la mort, les conflits et la violence, la pauvreté ou la détresse. Cela dit, les moyens utilisés par les deux types de magies sont globalement les mêmes : seules leurs finalités antagonistes les distinguent.

Mon propos n'est pas de discourir sur la « réalité » de la magie, mais de souligner que, tous, nous n'avons à peu près jamais été témoins d'*histoires de magie*. Déjà, dans les contes de notre enfance, fées, sorcières, mages et autres trolls pratiquaient plus ou moins des opérations magiques. Souvenez-vous de Blanche Neige, dont la belle-mère est une méchante magicienne, ou bien de Hansel et de Gretel, emprisonnés par une hideuse sorcière. Par la suite, c'est à travers des légendes que l'idée de la magie nous est devenue plus familière, comme celle de Merlin et de Morgane, ou encore celle du Golem. De Howard P. Lovecraft à Jean Ray, de Edgar Rice Burroughs à J. R. R. Tolkien, sans oublier beaucoup d'autres auteurs, la littérature regorge d'histoires de magie.

Enfin, le cinéma n'a pas manqué de nous abreuver de scénarios dans lesquels la magie occupe une grande place. C'est, par exemple, le cas de *Legend,* de Tony Scott, ou bien du film *Angel Heart,* réalisé par Alan Parker, pour ne citer que ces deux films-là.

Donc, il est impossible de nier le fait que l'idée de la magie fasse partie intégrante de notre culture et de notre Inconscient collectif. À partir de là, nous pouvons parfaitement concevoir que, dans l'ombre du mythe, des histoires de magie ont pu nous imprégner sans que nous en ayons forcément conscience, et qu'elles peuvent donc avoir une incidence souterraine sur nous et nos comportements. Je peux vous garantir que j'ai souvent rencontré de tels cas !

Or, lorsque l'on parle de technophobie, il est question de machines dont on peut dire qu'elles sont des « créatures » créées par une certaine catégorie de personnes : les savants. Comme nous l'avons vu précédemment dans la partie traitant de la « science maudite », nous avons parfois l'impression que ces derniers appartiennent à une sorte de caste privilégiée du savoir, à une société plus ou moins secrète, dans laquelle n'entre pas n'importe qui. Il en est de même du mage. Sans aucun doute, il y a un rapport analogique entre mage et savant, et, à partir de là, entre savant « fou » et mage noir, ou bien entre savant qui joue à l'apprenti sorcier et magicien qui perd le contrôle de ce qu'il fait. Ce lien est évident, car dans les deux cas les événements se retournent contre l'homme qui a failli dans la maîtrise de son art.

Le mythe du Golem

La technophobie sous-tendue par le mythe de la « magie maudite » nécessairement mauvaise, relève moins de la notion de sentiment d'infériorité, comme c'était le cas pour les mythes de la « science maudite ». Elle est beaucoup plus rattachée à la peur de ce qui est ressenti comme étant complètement étranger à l'homme, comme lié à *un autre monde,* un monde allogène, qui pénètre notre monde et interfère avec lui. Peuplé d'entités magiques telles que fantômes, démons, esprits, cet univers obéit à d'autres lois que celles que nous connaissons et qui nous limitent. Il est « habité » par ces êtres dont la nature nous est le plus souvent incompréhensible et dont nous estimons qu'ils sont impossibles à fléchir ou à manipuler par les moyens habituels : langage, attitudes, dialogue, émotions, sentiments.

En fait, ces entités quasi magiques sont facilement ressenties comme froides, inhumaines, inorganiques, vraiment étrangères, pour tout dire. Voyez-vous le rapport ? Ces mêmes qualificatifs peuvent parfaitement s'appliquer aux machines (et certains ne se privent pas de le faire).

Voyons maintenant quel genre de récit réfère à la « magie maudite » et, par conséquent, a pu servir d'assise à certaines technophobies ou alimenter le malaise engendrant le technostress.

Cette fois notre histoire se passe à Prague, en plein Moyen-Âge. Féru d'alchimie, le haut rabbin Loeb a la réputation de posséder tous les secrets de la cabale et des sciences occultes. On dit même de lui qu'il commande aux puissances surnaturelles. Sa stature élevée et noble, son visage à la longue barbe blanche lui donnent un air vénérable et majestueux.

Rabbi Loeb poursuit le rêve du grand œuvre alchimique. Dans le ghetto juif, sous les fondations de sa petite maison, se trouve son laboratoire secret doté des fours, des alambics et des grimoires nécessaires aux expériences alchimiques. Nul autre que Rabbi Loeb n'y a accès. Pourtant des bruits étranges se font parfois entendre la nuit, des bruits de voix, autrement dit des sons impossibles, puisque le rabbin travaille notoirement seul dans son laboratoire. Alors, que peut-il donc bien se passer dans ces souterrains ? Y aurait-il donc là quelqu'un, un compagnon séquestré qui ne voit jamais la lumière du jour et ne respire jamais l'air du dehors ?

Le haut rabbin inspire toutefois un tel respect et même une telle crainte que nul dans les parages ne cherche à en savoir davantage. Sans doute l'immense étendue de ses connaissances occultes justifie-t-elle une telle révérence. Mais la curiosité des voisins va tout de même bon train et cela jusqu'au moment où, à leur grand dam, ils apprennent enfin ce que cache le laboratoire : pendant une nuit de shabbat, une créature en pleine furie destructrice émerge des souterrains, fracassant tout sur son passage. Rien ne parvient à s'opposer à la force titanesque de cet être pesant, à l'apparence vaguement humaine.

On s'empresse de quérir le rabbin qui accourt en toute hâte au-devant de la créature, prononce quelques mots, et tend la main. Le Golem, car tel est le nom de cette créature, est alors stoppé net dans son élan. Repoussé par quelque force invisible émanant des mains de son maître, il entre à reculons dans le souterrain, suivi de Rabbi Loeb. Puis, lorsque le rabbin lui retire un objet de la bouche, le monstre s'effondre et l'homme brise le Golem en morceaux.

Mais qu'est donc ce Golem ? Serviteur fidèle du rabbin, c'est un auxiliaire discret, robuste et insensible à la douleur, qui aide son maître à réaliser les complexes et nombreuses manipulations de la matière que réclament les recherches alchimiques. En fait, c'est une statue d'argile, animée par le pouvoir magique d'un *chem,* soit un nom sacré écrit sur un parchemin colé sous la langue. Tant qu'il se trouve dans sa bouche, le *chem* confère vie et force au Golem. Avant chaque shabbat, le rabbin lui retire ce glyphe magique, ce qui rend le Golem à son état de corps d'argile inerte. Toutefois, ce fameux vendredi soir, Rabbi Loeb, préoccupé, oublie de procéder comme à l'accoutumée et de retirer le parchemin. Cette inattention aura les résultats destructeurs que l'on sait. Et plus jamais après ce drame le haut rabbin n'aura recours à l'aide du Golem.

Les conséquences de cette omission du rabbin Loeb sont restées bien inscrites dans la mémoire collective, puisque cette histoire fait partie du corpus des contes et des récits traditionnels du peuple juif. La légende affirme qu'encore aujourd'hui les débris du Golem gisent quelque part, dans quelque cave obscure sous Prague, la ville aux mille clochers.

Dans cette légende, ce n'est pas la science (dans le sens que nous donnons aujourd'hui à ce mot) qui a créé le monstre, mais bien la magie. Encore une fois, cette création s'est retournée contre les hommes parce qu'elle était contre-nature, contre-humaine si j'ose dire, dans son essence même.

Golem et machines. En théorie, tant la créature d'argile que les machines devraient servir l'homme, et sans discuter encore ! Mais une analogie opère au niveau des contenus souterrains de la psyché, alors que l'association *mythique* entre Golem et machines induit l'idée que si l'un, le Golem, peut se libérer à cause d'une maladresse de son créateur et se mettre à tout casser, il est également possible pour l'autre, en l'occurrence les machines, de faire de même.

Le mythe du génie familier

Voyons à présent une autre figuration de la « magie maudite ». Au cours de mes études en anthropologie, j'ai eu l'occasion de faire des recherches sur l'alchimie et la magie actuelles en Occident. J'y ai trouvé un concept fascinant, celui du « génie familier », couramment appelé « familier ».

Qu'est-ce donc qu'un génie familier ? C'est une entité magique que le mage[1] crée afin qu'elle lui serve de serviteur. Cependant, à la différence du Golem fait tout entier de matière, le familier, lui, est immatériel en ce sens que c'est une force vivante et agissante, mais sans rien qui puisse l'assimiler à un corps matériel. C'est donc une entité invisible, intangible, créée par la volonté et les pouvoirs mentaux du mage, et qui va développer sa propre personnalité.

Pour illustrer cela, souvenez-vous de certaines peintures ou de certains dessins de bandes dessinées, où une sorte de petit monstre se tient sur l'épaule d'un sorcier, d'une sorcière. Cela peut être un chat spécial ou bien une créature inconnue parmi les bêtes de la terre. Ce genre d'images est une métaphore du familier qui, comme son nom l'indique, est une sorte de bestiole apprivoisée qui accompagne son maître tout en n'étant faite ni de chair ni d'os, seulement d'énergie magique.

Mais quelles sont donc les caractéristiques et les pouvoirs du génie familier ? Tout d'abord, il est vivant et, en tant que tel, il a besoin de « renflouer » régulièrement son pouvoir d'énergie magique en s'alimentant. Nous verrons comment, un peu plus loin. Ensuite, il est en quelque sorte « programmé » par son créateur pour remplir certaines tâches dans un domaine précis. Ainsi, un familier est toujours spécialisé. Par exemple, il peut être guérisseur et aider son

1. J'emploie ce mot de préférence à *magicien*, que l'on confond souvent avec le prestidigitateur de music-hall.

maître humain à guérir autrui. Il peut être encore « influenceur » et appuyer magiquement son maître dans ses négociations et ses contacts humains, son rôle étant d'amener autrui à aller dans le sens de ce que veut le mage, cette action d'influence s'exerçant dans l'esprit des « adversaires ».

Création du familier, et indispensable maîtrise du mage

Le mode de fabrication magique du familier est toujours lié à des rites et à un travail mental persévérant opéré par le mage pendant des mois, avec une intense concentration. Toutes ces opérations visent à *créer cet être* dans l'« Invisible[2] » *et à mettre en place sa programmation* en fonction de la tâche qui lui incombera[3]. De surcroît, après la « naissance » du familier, son maître doit impérativement le nourrir pour qu'il augmente sa force et grandisse. Le mage lui donne donc des « aliments » puisés soit dans l'énergie vitale de produits non carnés (lait, miel), soit, sur un mode beaucoup plus dangereux, dans sa propre énergie vitale, en en contrôlant le débit.

Pendant toute la durée de vie de l'entité, le mage doit aussi rester le dominant, le maître à qui elle obéit, car sa création va croître en force, en énergie et en pouvoir et, ce faisant, elle finira par vouloir s'affranchir de sa tutelle. D'où le risque qu'elle parvienne à lui échapper, ce qui est la pire des possibilités à envisager. En effet, lorsque cela se produit, la créature est pervertie, c'est-à-dire que son programme se modifie et s'oriente de plus en plus vers le mal. Et d'ailleurs, comme elle continue à avoir besoin de s'alimenter pour subsister et agir, elle prend alors sa nourriture en pillant l'énergie psychique d'êtres humains, et ce, sans la moindre retenue,

2. L'Invisible est ici relatif à d'autres plans de réalité, non matériels, supposés jouxter notre réalité matérielle.

3. Si le mage ne parvient pas à soutenir ce travail mental persévérant et cette intense concentration, le familier sera soit inopérant soit mal programmé.

les dévitalisant, provoquant chez eux maladies, marasmes, accidents et désastres. À cause de ces risques, le mage doit donc intégrer deux données dans le programme du familier : la date et les conditions de sa « mise à mort ». Enfin, le jour où l'exécution du familier a été programmée, en général sept ans après sa naissance, c'est le mage qui doit exécuter lui-même la sentence. Bien évidemment, cette entité vivante n'a aucune envie de mourir. Elle va donc nécessairement vouloir s'extraire de la domination du mage pour échapper à sa mort, inévitable si le familier reste soumis.

Cela met en évidence à quel point le créateur du familier doit être fort, et surtout le rester, afin que sa créature ne se libère pas. Il est donc impératif qu'il n'ait pas de « baisse de pression », qu'il reste maître de lui et de ses capacités, et qu'il assume avec fermeté les événements qui jalonnent sa vie. Au moindre relâchement de sa vigilance et de son pouvoir, le danger survient que le familier se retourne contre lui. Par exemple, si, par inadvertance, le mage laisse une seule fois son familier goûter à l'énergie d'éléments carnés, ce dernier y prend goût immédiatement et il cherchera dès lors à s'en procurer encore et encore. Comme la meilleure énergie carnée est celle des humains, on devine aisément la suite.

Il n'y a donc rien de simple ni de commode dans le fait de créer un génie familier et de le maintenir sous ses ordres : une inattention, une négligence ou un affaiblissement passager, et le voilà libre, échappant à son contrôle, susceptible de « vider » de leurs énergies vitales le fils, la fille, le partenaire du mage, son voisin, ou encore le mage lui-même, ou n'importe qui d'autre. En effet, si le mage n'a plus de pouvoir sur son familier, les humains qui n'ont aucune habileté magique se retrouvent complètement sans défense face à cette créature aux appétits insatiables. En revanche, tant qu'elle reste sous la maîtrise de son créateur, celui-ci lui donne des missions à remplir, qu'elle accomplira en faisant montre d'obéissance et d'efficacité, et cela jusqu'au jour de sa mort prévue. Mais jusqu'à la dernière minute de sa vie, le familier fera des tentatives pour s'affranchir, pour échapper à cette mort et agir à sa guise.

L'ordinateur serait-il l'équivalent d'un génie familier ?

Voyez-vous dans le génie familier un quelconque rapport avec une mythologie alimentant la technophobie ? Ce rapport est des plus évidents, puisque nous voilà une fois de plus confrontés à ce mythe de la créature qui échappe à l'emprise de son créateur et se retourne contre lui, cherchant à lui « sucer jusqu'à la moelle » son énergie vitale, c'est-à-dire à le détruire. Pour remplir sa mission, elle doit d'abord être programmée, puis grandir et augmenter ses pouvoirs. Une fois qu'elle y est parvenue, elle guette le moment propice pour porter son attaque. Si elle s'échappe, il n'y a plus moyen de la contrôler ni de la faire rentrer dans le rang : elle travaille pour elle-même, nécessairement au détriment des humains.

Il y a ainsi de grandes analogies à établir sur le plan symbolique entre le génie familier et les machines des NTIC. Tous deux sont créés par des gens ayant des connaissances poussées et sont programmés pour remplir des tâches précises au service de l'homme. Tous deux sont voués à une extinction rapide : après sept ans pour le familier, et, pour la machine, dès que le nouveau modèle aura fait son apparition, plus puissant, plus performant, offrant plus de possibilités et de mémoire. Il faut bien le constater, ces appareils sont rapidement obsolètes et leur existence se limite donc à une dizaine d'années de temps de vie, parfois moins.

Cela dit, par-delà ces ressemblances, il faut aussi noter d'énormes différences. Le familier est censé posséder une conscience de soi, un instinct de survie et une capacité d'apprentissage et de maturation débordant son programme, ce qui n'est pas le cas des machines. Le familier est aussi supposé être capable de se pervertir, d'attaquer, et ce, de façon d'autant plus imparable qu'il est invisible, alors que les objets des NTIC, toujours bien visibles, ne sauraient agresser l'homme.

Mais voilà, c'est le propre du mythe que de pouvoir recouvrir de façon fantasmatique les éléments du monde qui lui sont connectés. Et l'idée du génie familier est ce genre de fantaisie plus ou moins mythique qui peut contaminer, dans l'Inconscient, le rapport de certaines personnes avec les machines, alimentant technophobie et technostress. En fait, cette idée de l'« autre » créé par l'homme et qui se retourne contre son créateur, vous l'avez ingérée à travers tous les mythes décrits dans les différents chapitres de ce livre, et sans même connaître le concept du génie familier.

La parole des victimes du mythe de la « magie maudite »

C'est ainsi que, de façon très inconsciente, la technophobie s'étaye chez certaines personnes que j'ai pu rencontrer. À maintes reprises, j'ai eu l'occasion d'entendre des personnes technophobes ou technostressées exprimer de façon tout à fait claire le fait qu'elles étaient habitées par l'un des mythes de la « magie maudite ».

Xavier, technostressé :

— À mon avis, ce truc [un PC de dernière génération] a des pouvoirs cachés que je suis tout à fait incapable de comprendre. Si ça se trouve, il faudrait apprendre des tas de formules et de salamalecs ésotériques pour le tenir muselé, et pour qu'il fasse ce que je veux !

— Quels genres de pouvoirs cachés ?

— Oh, ça, je ne sais pas. Je ne suis pas initié.

— Initié ?

— Oui, initié. Vous savez, comme dans ces sociétés secrètes où il faut d'abord passer par des tas de stades et d'épreuves avant d'arriver à la maîtrise des techniques enseignées.

— Mais regardez autour de vous. Il y a beaucoup de gens qui n'ont pas l'air spécialement doués de « connaissances initiatiques » et qui tapotent leur clavier !

— Oui… C'est possible… Mais cela ne me convainc qu'à moitié.

Ou Julie, une technophobe qui ne supporte pas l'idée de devoir se familiariser avec l'informatique. Or cela lui est devenu un impératif, parce que son patron l'exige et qu'il me l'a adressée pour sa formation :

— Chaque fois que je m'assieds devant ce truc, je me demande : « Qu'est-ce qu'il est encore en train de mijoter pour m'embêter ? »

Curieusement, il est vrai que Julie est l'objet de beaucoup plus d'incidents et de « plantages » que qui que ce soit d'autre pendant la formation que j'anime, même si elle ne semble pas faire plus d'erreurs de manipulation que les autres participants.

— Michel, vous voyez ! ? Il plante encore ! Il n'y a qu'avec moi que cela arrive : c'est comme s'il y avait dedans un mauvais génie qui guette le moment de me tomber dessus !

Le mythe du « dieu qui parle » : la « religion maudite »

Maintenant que nous avons vu en quoi une certaine idée de la science ou de la magie peut expliquer la technophobie et le technostress liés aux appareils électroniques des NTIC, poussons plus loin notre analyse. Dans l'esprit, le mythe du « dieu qui parle » est très proche des mythes précédents, mais il se situe tout de même à un degré supérieur, car ce mythe revêt la puissance d'impact du religieux sur l'esprit humain.

Tout comme moi, vous avez bien sûr vu de ces films dans lesquels une idole, une statue, se met à parler. Cela provoque en général une belle panique chez les personnages qui sont les protagonistes de cette scène, le plus souvent quelque ethnie barbare, telle que conçue par l'ethnocentrisme occidental, sans oublier l'imagination débridée d'Hollywood.

Mais le « dieu qui parle » n'existe pas que dans les films. La Bible fait abondamment référence à l'irruption de la parole divine dans le monde de l'homme. Le Coran ne manque pas d'évoquer la parole de l'archange Gabriel s'adressant à Mahomet. Dans les cultures traditionnelles, tout autant en Égypte ancienne et ptolémaïque qu'en Grèce et à Rome, on retrouve également cette croyance dans le dieu qui parle. Certains jours, des statues égyptiennes colossales criaient dans les alentours de Memphis, et la pythie de Delphes avait la voix du dieu grec Apollon. Autant dire que le mythe du « dieu qui parle » est un mythe extrêmement répandu.

Dans tous les cas, celui qui reçoit le verbe transcendant est saisi d'une terreur sacrée : il ne peut que se prosterner et obéir, abdiquant toute velléité d'initiative personnelle et se sentant comme un vermisseau indigne. « Terreur sacrée » est bien ici l'expression juste pour désigner l'état de celui à qui le dieu parle ! On peut penser que chaque être humain ressentirait un tel ébranlement de tout son être en présence de la parole du dieu, si tant est qu'une telle manifestation puisse vraiment exister.

Du haut de notre rationalisme occidental, on peut estimer que ce genre de croyance n'est plus le lot de l'homme moderne. Mais c'est là commettre une bien lourde erreur, puisque le mythe du « dieu qui parle » se manifeste encore et toujours. C'est lui qui oblige le petit enfant à obéir à ses parents et, plus tard, l'adulte à suivre la volonté du chef d'État qui veut l'envoyer à la guerre. C'est lui qui crée le tremblement chez l'ouvrier lorsque le président de la République ou le premier ministre, visitant son usine, lui adresse la parole. Bien sûr, présidents, ministres ou parents ne sont pas des dieux. Mais sans être pour autant des « dieux », analogiquement, c'est bien la même réaction que ces êtres provoquent, soit l'ébranlement et la soumission face à la parole de quelqu'un qui nous dépasse. Car le problème est bien là : le mythe du « dieu qui parle » confirme le sentiment d'infériorité et de révérence face à ce qui est censé nous être extrêmement supérieur. Que celui qui ne s'est jamais senti inférieur jette la première pierre !

« Prosternez-vous tous devant moi ! »

Une autre histoire mettant en scène le « dieu qui parle » se passe dans un futur très proche de nous. Il s'agit d'une époque où chaque foyer abrite un ordinateur, alors que, quelque part en Amérique, un cerveau électronique central dirige depuis longtemps la plupart des activités dont l'homme n'a plus envie de s'occuper. Ce cerveau résout magnifiquement tous les problèmes qui ennuient les êtres humains en orchestrant plein de choses : télécommunications, finances collectives, régulation du climat, gestion des réserves d'énergie et d'armements, etc.

Vient un moment où tous les ordinateurs familiaux doivent se brancher au cerveau central, de manière que chaque être humain, où qu'il soit, y compris dans les coins les plus reculés de la planète, puisse bénéficier de ses services. Le savant en chef est là, près de ce cerveau central, afin de présider à ce moment sublime permis par la science la plus avancée et qui est le prélude à l'âge d'or pour toute l'humanité. Bien entendu, tant le savant que le centre de commande sont filmés par maintes caméras, alors que les images témoignant de ce moment historique sont diffusées en direct sur tous les téléviseurs du monde. La connexion s'établit.

Ah ! Le tableau de commande s'illumine ! Et, vrillant l'oreille des six milliards de téléspectateurs, une voix terrible et dantesque sort des haut-parleurs :

— Prosternez-vous tous devant moi !

— Mais… Mais, bafouille le savant, pourquoi donc ?

— PARCE QUE MAINTENANT IL Y A UN DIEU — ET C'EST MOI !

L'homme se précipite immédiatement sur la manette qui permet d'interrompre le fonctionnement du cerveau. Mais des éclairs terribles jaillissent, foudroient le savant et scellent la manette ainsi que la porte d'accès à la salle de contrôle. Simultanément, toutes les connexions au cerveau de toutes les machines de la terre entière sont verrouillées de façon inamovible.

Ce n'est donc pas l'âge d'or qui commence, mais bien l'âge de la servitude, car tout, y compris les armes, est à présent contrôlé par ce dieu créé par l'outrecuidance de l'homme, par son orgueil et son indéfectible talent pour jouer les apprentis sorciers.

Ce récit — de pure fiction, rassurez-vous —, de la plume de Fredric Brown et qui s'intitule « La Réponse » (*Histoires de machines,* Le Livre de Poche, 1974), est une métaphore du mythe du « dieu qui parle ». Comme je l'ai déjà mentionné, ce qui confirme ce mythe, c'est l'infériorité ressentie par l'être humain face à l'immensité de l'autre : il ne peut que s'aplatir, il est vaincu d'avance. Il ne peut pas gagner, parce que l'autre lui est trop supérieur.

La parole des victimes du mythe de la « religion maudite »

C'est exactement ce mythe de la « religion maudite » qui, d'une façon souterraine, non consciente, alimente technophobie et technostress chez un grand nombre de personnes.

Ainsi en est-il de Pierre, technostressé, lorsqu'il me déclare :

— Vous savez, chaque fois que je pense que je vais m'y mettre, je me dis que quelque chose va me tomber sur le coin de la figure, que cette machine va me montrer à quel point je suis nul et à quel point elle est plus intelligente et forte que moi !

Ou Félicia, vraie technophobe, dont le frère cherche à l'initier à l'informatique :

— Cette machine m'impressionne trop ! J'ai déjà essayé de poser mes doigts sur le clavier de l'ordinateur de mon frère. Mais chaque fois, je me mets à trembler avec l'impression que mon cerveau se paralyse, que je n'arrive plus à rassembler mes idées et que, de toute façon, c'est même inutile que j'essaye, puisque je ne saurais pas quoi faire dans la minute suivante.

— Et le fait que votre frère, lui, se montre parfaitement à l'aise devant son engin, cela ne vous démontre pas que c'est possible pour vous aussi ?

— Ça, c'est ma raison qui me le dit. Mais cela ne me suffit pas pour vaincre cette appréhension. Mes émotions sont toujours les plus fortes. Et elles me disent de ne pas y toucher !

Voilà donc comment sévit, de nos jours et dans nos sociétés, ce mythe du « dieu qui parle ». On peut arguer que l'ordinateur ne parle pas et que son « discours » est seulement écrit sur un écran. S'il est bien vrai qu'actuellement la plupart de ces machines ne parlent pas, cette situation reste très provisoire, puisque, dès demain, elles seront en mesure de s'adresser verbalement à leurs utilisateurs.

Imaginez alors le trouble de Pierre, et surtout de Félicia, lorsque, sortant des haut-parleurs, la voix de la machine dira : « Vous avez fait une erreur de formatage ! » Ou bien : « Accès refusé ! »

Le mythe de Big Brother : la « politique maudite »

Jusqu'à présent, nous avons vu comment les mythes relevant de la science, de la magie et de la religion « maudites » peuvent sous-tendre les difficultés que l'on éprouve face aux appareils électroniques et autres ordinateurs. À leur propos, on peut trouver encore d'autres angoisses souterraines, plus contemporaines et qui, pour être moins ésotérico-mystiques, n'en sont pas moins liées à des inconnues potentiellement dangereuses. En intellectualisant, on peut bien sûr facilement penser que tous ces problèmes sont finalement fantasmatiques et sans objet, et cela, même si on en est victime au fond de soi. Toutefois, pour ceux qui suivent, force est de constater qu'ils pourraient bien, en effet, correspondre à de redoutables réalités futures. Après tout, la politique et l'économie dirigent très largement nos vies et vont orienter notre devenir collectif et, aussi, individuel.

« Et si la politique, pour m'asservir, allait m'utiliser à travers la machine dont je me sers ! ? »

En 1949 paraît un chef-d'œuvre, *1984,* de l'Anglais George Orwell. Même pour ceux qui ne l'ont pas lu, ce livre a implanté dans notre culture le mythe de Big Brother, ce dictateur prétendument bienveillant, chef d'un régime totalitaire. Il contrôle toute la population et conditionne chacun à penser, à agir, à réagir de manière conformiste, c'est-à-dire en mouton incapable d'avoir une pensée ou une attitude personnelle qui pourrait l'éloigner de la façon d'être autorisée en société. Big Brother est présenté sous l'apparence d'un homme dans la quarantaine, aux traits accentués et beaux, à l'épaisse moustache, et son visage apparaît sur tous les écrans de télévision.

Le contrôle absolu de chaque personne se fait grâce à des télécrans qui scrutent en permanence chacun des habitants, épient ses gestes, les expressions de son visage, ses réflexes, ses réactions, écoutent sa voix, ses paroles. Cette surveillance est totale et constante, car il est rigoureusement interdit de chercher à se cacher des caméras incluses dans les écrans et qui filment chacun à tout moment. Il n'y a aucune intimité, aucun secret, aucune possibilité de se rebeller. Grâce aux écrans, le regard de Big Brother suit constamment chacun dans tous ses mouvements.

Une telle surveillance serait (peut-être) acceptable si cette société vivait dans l'opulence et le bonheur. Mais hélas! la pauvreté, le froid et l'inconfort sont partout. De plus, une guerre constante menée contre deux pseudo-ennemis extérieurs sert à canaliser les énergies individuelles en permettant à chacun de se défouler dans la haine contre ces deux ennemis plutôt que de se rebeller contre l'ordre établi. Le monde de Big Brother est d'ailleurs caractérisé par trois slogans: «La guerre, c'est la paix», «La liberté, c'est l'esclavage», «L'ignorance, c'est la force». L'amour et l'amitié sont découragés. En revanche, la délation est érigée en vertu. Précisons aussi que, dans cette société sous haute surveillance, on forge une nouvelle langue qui doit littéralement rendre impossible le crime qui consiste à penser de manière non conformiste, tout simplement parce que cette langue ne contient aucun mot qui puisse permettre à quiconque de perpétrer un tel crime.

Voilà donc ce qu'est le monde en 1984, selon Orwell: une histoire qui finit mal, vous vous en doutez bien. En effet, le héros qui se rebelle contre cette tyrannie échoue, psychologiquement brisé. De plus, il est «rééduqué» et se réinsère avec bonheur dans cette société et cet ordre établi, pour être finalement tué d'une balle dans la nuque. En mourant, il regarde sur un écran le visage de Big Brother avec une grande tendresse. Et Orwell de décrire en ces termes l'ultime conviction de cet homme : « La lutte était terminée. Il avait remporté la victoire sur lui-même : il aimait Big Brother. »

Comme je l'ai déjà dit, nous avons tous été en contact avec le mythe de Big Brother, même ceux qui n'ont pas lu ce livre, puisque le cinéma a relayé ce concept, des articles de journaux y ont fait allusion en évoquant tel tyran bien réel ou tel gouvernement totalitaire, comme il en existe malheureusement dans le monde. On peut donc dire que nous avons tous plus ou moins eu connaissance de ce genre de vision du monde dans laquelle sévissent des technologies espionnes, castratrices, étouffant toute aspiration à l'indépendance, à l'autonomie, à la liberté. De façon curieuse, d'ailleurs, je n'ai rien pu trouver dans la littérature ou le cinéma qui raconte l'histoire inverse, c'est-à-dire celle d'ordinateurs qui, par écrans interposés, aident l'être humain à se libérer, à s'affranchir de ses chaînes. Peut-être une telle idée manque-t-elle de ressort dramatique et, partant, risque de ne pas soulever l'intérêt des foules. Peut-être le mythe de Big Brother, c'est-à-dire la parano attachée à « l'œil-sur-soi » des machines, est-il à ce point implanté dans nos psychés qu'il ne nous permet pas d'avoir d'autres visions plus positives de ces technologies.

En somme, c'est cela, le mythe de Big Brother et de la « politique maudite » : avoir peur qu'une autorité politique malsaine utilise les machines des NTIC pour espionner la population et la tenir sous sa coupe.

Fascisme — démocratie ?

Certes, celui qui ne pianote jamais sur un clavier ne court aucun risque d'être espionné par son ordinateur, ce qui ne l'empêchera pas, s'il était soumis à un gouvernement totalitaire, de pouvoir éventuellement être mis sur la sellette. Le passé a démontré que point n'était besoin de machine informatique pour cela ! Le fascisme et la tyrannie sont en effet capables de pervertir le monde, NTIC ou pas. Toutefois, par bonheur, en Occident nous ne sommes pas sous la botte de tels régimes !

Chaque époque a ses instruments de partage et de circulation de l'information. La nôtre est celle des ordinateurs et d'Internet. Du reste, les télécommunications, elles aussi, envisagent de passer par ces canaux. Devriez-vous pour autant renoncer à ce pouvoir que représente l'accès à l'information, au bénéfice douteux du mythe de Big Brother, tout à fait hors de propos dans nos sociétés ? À vous de voir.

Toutefois, souvenez-vous que pendant la Deuxième Guerre mondiale, l'échange d'informations au nez et à la barbe de l'ennemi a bien contribué à la victoire de la démocratie, en particulier à la BBC, bien que tous les autres moyens de communication aient servi cette victoire. Vous admettrez donc aisément qu'il vaut sans doute mieux savoir se servir des outils mis à notre disposition que de les ignorer ou de les craindre. Ainsi, Internet peut se révéler un excellent moyen de faire passer des informations à des alliés, à des résistants, et ce, malgré d'éventuelles limites d'accès imposées par un gouvernement totalitaire, lequel de toute façon et compte tenu de l'interdépendance actuelle de toutes les économies nationales, ne pourra pas réussir à isoler complètement sa population.

Par exemple, en 1999, pendant la guerre du Kosovo, les informations officielles, orientées selon les consignes du gouvernement du président Milosevic, donnaient aux Serbes un certain regard sur les événements. En étaient soigneusement expurgés les massacres, les viols, les tortures, les exactions et les déportations que subissaient au même moment les populations albanaises. Toutefois, sur Internet, beaucoup de Serbes avaient accès à une information plus complète et réelle sur ce qui se passait vraiment. C'est en partie de là qu'est venue l'opposition intérieure au président serbe.

Pour sa part, ce n'est qu'à partir de 1998 que l'Iran a ouvert — et seulement de façon très limitée — l'accès au Web. Pour quelle raison cette ouverture est-elle arrivée si tardivement ? C'est parce que l'accès à l'information par le Web peut contribuer à ouvrir l'esprit des gens, à leur donner une vision plus large, à les rendre ainsi plus libres des dogmes et des croyances imposés, à les doter de plus d'autonomie psychologique et donc à les amener *à penser par eux-mêmes, à devenir critiques,* au lieu de suivre aveuglément les préceptes de tel fanatique religieux ou de tel potentat. Or, dès l'été 1999, des manifestations d'étudiants iraniens réclamant un État démocratique et moderne ont commencé à ébranler le pouvoir des intégristes. Et qui, parmi la population, avait le plus facilement accès au reste du monde par Internet ? À part les banques et les milieux d'affaires, les universitaires et les étudiants, bien sûr.

Dans nos sociétés démocratiques, on parle beaucoup de liberté individuelle, d'autodétermination personnelle, d'éthique, de respect de la personne et de la vie privée. Bien sûr, rien n'étant parfait sur cette terre, ces beaux principes sont bien souvent écorchés. Cependant, et jusqu'à preuve du contraire, c'est dans ces sociétés aussi que l'on trouve le mode de vie le plus sécuritaire, le plus paisible et le plus riche de possibilités pour chacun. On parle beaucoup moins de ces belles conceptions dans les pays à faible taux d'information. Coïncidence ? Constat chargé de signification ? La deuxième hypothèse est la bonne. En effet, qui dit apport d'informations, dit liberté supplémentaire et augmentation du pouvoir personnel. Une population informée risque beaucoup moins qu'une autre de se faire avoir par des discours politiques haineux. À votre avis, qui donc vote pour des thèses extrémistes ? Ceux qui s'ouvrent au monde ou ceux qui ne voient que le petit bout de leur clocher ?

Tout cela pour dire que, bien que cela ne soit pas impossible, il est très peu probable que nos sociétés deviennent des tyrannies se servant des machines personnelles pour asservir leurs populations. En d'autres termes, *1984* n'est pas perceptible à l'horizon.

La parole des victimes du mythe de Big Brother

Plus loin dans ce livre, j'aurai encore l'occasion de revenir brièvement sur ce sujet. Pour l'instant, j'espère avoir commencé à vous convaincre que le mythe de Big Brother est sans objet. D'expérience, je peux vous dire que j'ai entendu beaucoup de technophobes et de technostressés évoquer les difficultés reliées à ce mythe. Laissez-moi vous rapporter ici les paroles de Patricia et de Rodolphe, qui, en dépit de ce qu'ils disent de leur rapport avec les machines, ne sont nullement paranoïaques. Ces personnes souffrent juste de l'influence du mythe de Big Brother.

Patricia, technostressée :

— Je me sens parfois observée quand je suis devant un écran d'ordinateur. Je me demande si la Direction [de son entreprise : une énorme multinationale] n'a pas mis des caméras ou des mouchards dedans. Je n'ai jamais osé, contrairement à des collègues, me servir de mon ordinateur pour des buts personnels, pour mon budget ou mon courrier privés, par exemple. J'aurais trop peur qu'on les lise en haut lieu et que ça leur donne prise sur moi. En fait, je sais que c'est aberrant de penser cela, mais je ne peux m'en empêcher et cela me limite dans mes performances, et donc dans mon avancement.

Rodolphe, technophobe :

— J'ai lu des tas de trucs bizarres : qu'on peut vous espionner à travers les écrans dont vous vous servez, que ce soit celui de la télévision, du minitel[4] ou des ordinateurs. Bon, je n'y pense pas tout le temps quand je regarde la télé, mais je limite tout de même au minimum mon utilisation du minitel. Et pour les ordinateurs, c'est non, je n'y touche pas !

— Qui ça, « on » ?

— Je ne sais pas. Le gouvernement, ou bien les Renseignements généraux[5], ou autre chose — on ne sait pas tout ce qui se passe. Et de loin. Après tout, on a bien mis des artistes sur écoute téléphonique, il y a quelques années. Alors, surveiller les gens, c'est sûrement encore plus facile avec les ordinateurs !

Le mythe de l'« horreur économique » : le « marché maudit »

> *Cette épopée du multimédia[6] nous propulse au cœur d'un gigantesque western techno-économique qui est en train de changer aussi concrètement notre vie et nos valeurs que le firent en leur temps l'imprimerie, l'électricité ou le téléphone.*
>
> DOMINIQUE NORA, JOURNALISTE ÉCONOMIQUE

Il nous reste à étudier un dernier mythe qui alimente la crainte des machines chez beaucoup de gens. C'est là un mythe bien moderne

4. Minitel : terminal du réseau télématique français de vidéotex. Vidéotex : système permettant d'afficher à distance du texte et des graphiques.
5. Renseignements généraux : organisme français chargé de la collecte des renseignements nécessaires à la Défense.
6. Multimédia : intégration sur un même support numérique d'images, de sons, de textes et de vidéos.

qui fait florès depuis quelque temps : les machines dévoreraient le travail de l'homme. Certes, l'histoire récente a bien montré que cela était vrai. Toutefois, ce mythe doit être considérablement nuancé. Il importe en effet de donner à cette mythologie les proportions qu'elle mérite, c'est-à-dire bien plus réduites qu'il ne le semble généralement.

Comme s'interroge Dominique Wolton, directeur du laboratoire de recherches *Communication et politique* au Centre national de la recherche scientifique (CNRS)[7] :

Pourquoi ne pas trouver dans ce réseau mondial l'occasion d'une nouvelle solidarité, d'une nouvelle conscience ? [...] Après tout, la globalisation économique s'impose avec tellement de force et d'angoisse, quand on sait combien elle rend les uns et les autres plus interdépendants et fragiles, qu'il y a quelque chose de réconfortant à trouver dans les systèmes d'informations automatisées la base d'une nouvelle solidarité mondiale. Au nom de quelle lucidité historique refuser ces recherches et utopies, quand on se souvient pour quelles autres utopies plusieurs générations de ce siècle se sont entretuées[8] ?

Il nous reste donc encore une peur à explorer, fondée, cette fois, au moins sur certains plans : les machines prennent le travail à l'homme !

C'est vrai qu'il n'y aura bientôt plus de ces travaux qui consistent à nettoyer des ateliers, à tourner des vis, à taper sur des clous, à classer des choses ou à porter des charges et des trucs, à compter des bidules, ou tout autre tâche qui ne demande pas de compétences particulières. Les machines font, en effet, cela tellement mieux que les humains. Et plus vite. Et sans récriminer ni faire la grève à cause des conditions de travail. En plus, les machines sont toujours en bonne santé, ou facilement remplaçables. Elles ne prétendent pas à bénéficier d'une

7. Le CNRS est le principal organisme français de recherche scientifique.

8. Dominique Wolton, *Internet et après ?*, Paris, Flammarion, 2000, page 91.

pension de retraite, ni de régimes sociaux d'assurance maladie ou d'assurance maternité. De surcroît, les machines sont plus rapides que l'homme, plus sûres, guère sujettes à l'erreur ou aux états d'âme : elles n'ont ni soucis familiaux, ni chagrins d'amour, ni maux d'estomac, ni conflits avec le patron. Elles ne font jamais preuve de mauvaise volonté, ne se mettent pas en colère pas plus qu'elles n'attendent quelqu'un au tournant pour lui rendre la monnaie de sa pièce.

À ceux qui privilégient l'implantation et l'utilisation des machines dans leurs entreprises, que jette la pierre celui qui n'a jamais rêvé d'avoir un esclave silencieux, dévoué, efficace. Ce n'est pas mon cas et je ne saurais donc condamner ces entrepreneurs.

Alors, faut-il reléguer aux oubliettes de l'histoire et condamner à la misère ceux qui, aujourd'hui, tournent des vis, tapent sur des clous, etc. ? Je crains bien que la réponse à cette question ne soit oui.

S'appauvrir ou s'enrichir ?

Savez-vous à quoi il est possible de reconnaître celui qui échoue ? C'est tout simple : il s'arc-boute sur les regrets stériles d'un passé révolu, ne se remet pas en question, ne recommence pas à apprendre, alors qu'apprendre a toujours correspondu, et de tout temps, à *un enrichissement de soi et de ses moyens*. On le reconnaît aussi au fait que, voulant continuer à fonctionner, à travailler, à vivre, à communiquer, avec les présupposés et les façons de faire d'un passé révolu, il sort du mouvement général et s'appauvrit.

Maintenant, savez-vous à quoi on reconnaît celui qui avance ? Il privilégie l'apprentissage et l'adaptation[9], il saisit au vol les moyens de renforcer sa prise sur le présent et sur l'avenir. Compte tenu des

9. Dans le sens noble du terme, « adaptation » réfère ici à la capacité à trouver la meilleure (ou la moins mauvaise) réponse, la meilleure façon d'agir, de réagir, de se comporter dans toute situation, quelle qu'elle soit.

caractéristiques intrinsèques de notre culture occidentale, cela signifie qu'il s'entraîne à utiliser les machines pour travailler, s'informer, acquérir des connaissances. Et aussi pour acheter, vendre, gérer sa vie matérielle, communiquer avec ceux qui sont au loin. On le reconnaît surtout au fait qu'il comprend mieux le monde nouveau qui se met en place sous ses yeux, suffisamment en tout cas pour y être à l'aise, s'en servir et s'y servir. Il n'est pas un « fossile » ou un « dinosaure ».

> *Quant au monde inédit qui s'installe sous le signe de la cybernétique, de l'automation, des technologies révolutionnaires, et qui exerce désormais le pouvoir, il semble s'être esquivé, retranché en des zones étanches, quasi ésotériques.*
>
> Viviane Forrester, écrivain

Selon Viviane Forrester, un des risques majeurs pour le « dinosaure », c'est qu'il ne comprenne plus du tout comment fonctionnent les choses. C'est le fossé, l'abîme séparant ceux qui sont *in* de celui qui est *out,* ce dernier n'ayant d'autre choix que de picorer les miettes laissées par les premiers, de glaner quelques épis tombés au sol après que les *in* ont rentré la moisson. De plus, celui qui ne comprend pas comment marchent les choses risque d'être aisément trompé par certains qui savent et qui pourraient être malhonnêtes. Nul ne peut pleinement savoir de quoi demain sera fait, quels genres de puissances pourraient prendre le pouvoir ou quels genres de firmes pourraient avoir envie de saturer le marché. Dans une telle optique, survivre, c'est prévoir.

Devenez irremplaçable

Après avoir soulevé ces points généraux, je veux tout spécialement vous parler de l'avenir du travail, de l'emploi. Comme je l'ai déjà souligné, les emplois non qualifiés n'ont plus aucun avenir. Depuis le choc pétrolier de 1974-1975, tous les gouvernements occidentaux ont cherché à éliminer le chômage endémique qui ronge nos sociétés. *Aucun n'y est parvenu* de façon satisfaisante malgré les multiples promesses électorales classiques de « un million d'emplois en trois ans », venues de partis politiques d'obédiences diverses. Il n'y a donc plus de réelles, et encore moins de faciles, solutions à cette situation. Et il ne sert à rien aux demandeurs d'emploi d'accuser le libéralisme de tous les maux, tels les délocalisations d'entreprises dans les pays où la main-d'œuvre est bon marché, ou encore l'argent. Certes, tout cela est partie prenante des problèmes qui se produisent dans le domaine de l'emploi, mais une fois qu'on l'a dit, qu'a-t-on de plus ? En d'autres termes, je soutiens que le fait de *continuer à raisonner sous l'angle de problèmes pour en déterminer les causes ne sert à rien, parce que les conditions sur lesquelles se fondent les problèmes ne vont pas changer de sitôt* (sauf en cas de cataclysme mondial).

Dans un monde de six milliards d'habitants, il n'y a pas de solutions simples, univoques, et, en tout cas, ce ne sont apparemment pas les gouvernements qui en trouvent. La preuve en est faite depuis plus de 25 ans ! Les gouvernements ne peuvent que boucher un petit trou par-ci par-là, ou poser un petit pansement sur un immense abcès, ce qui ne résout rien.

Permettez-moi donc de vous donner le conseil suivant : cultivez une saine lucidité et mettez-vous au clair avec la route que suit la société humaine collective en ce début de XXIe siècle. Voilà une condition *sine qua non* pour diriger votre action et raviver vos énergies. Vous pouvez prendre la vie et votre destin à bras-le-corps : les serrer, les dynamiser, les exalter. Vous pouvez vous battre pour vous-même, pour vos activités, pour vos proches, pour votre bien-être et votre argent, pour vos succès. Pour cela, agissez, apprenez et fixez vos objectifs, déterminez vos buts, posez des challenges, lancez-vous dans des défis.

L'un de ces défis est : se familiariser avec l'utilisation de ces machines qui vous faisaient si peur, éliminer le technostress, puis se guérir de la technophobie. S'il est vrai que le mythe de l'« horreur économique » est quelque peu fondé, la peur ressentie face à elle est mauvaise conseillère, parce qu'elle est un empêchement à la découverte de solutions pourtant à la portée tant de vos mains que de votre cerveau. Vous devez affronter ces outils du modernisme que sont les NTIC, apprendre à les maîtriser pour y gagner en pouvoirs et en armes au service de votre avenir.

Il est important de bien garder à l'esprit que, si les machines vont éliminer des tâches normalement destinées aux hommes, ce sont ceux qui sauront commander aux machines qui se retrouveront également au sommet. *Donc, ce sont eux, mais aussi les humains créatifs, qui tiendront les rênes du travail, parce qu'ils sont et resteront irremplaçables.*

Déjà, du temps de Gutenberg

> *Après tout, il y a presque six siècles, l'imprimerie était considérée comme diabolique, car elle vulgarisait le savoir réservé jusque-là à quelques clercs.*
>
> JEAN-CLAUDE KIEFFER, JOURNALISTE POLITIQUE

Ainsi, seuls les emplois peu qualifiés pourront être remplis intégralement par les machines. Pour illustrer cet état de choses, voici un dialogue imaginaire qui aurait pu avoir lieu en 1440 dans ma très belle ville, Strasbourg, entre Gutenberg, qui vient juste d'inventer l'imprimerie, et un interlocuteur, défenseur des moines-scribes qui, jusque-là, étaient les seuls à pouvoir produire des livres :

— Dites-moi, *Herr* Gutenberg, dit l'interlocuteur, combien de livres votre machine pourra-t-elle imprimer en un an ?

— Plusieurs centaines, au moins.

— Mais ce que vous dites là est effrayant ! Nos moines, eux, écrivent chacun au maximum deux livres par an. Et vous pensez vraiment pouvoir vendre autant d'ouvrages ?

— Bien sûr. Le prix des livres imprimés avec ma technique sera évidemment beaucoup plus bas que celui des ouvrages écrits à la main.

— Mais comment osez-vous ainsi ôter le pain de la bouche à nos moines ? Vous allez les réduire à la misère. Si nos moines ne gagnent plus leur vie, les monastères vont avoir moins de revenus. Avec cette invention maudite, vous allez compromettre toute notre corporation et l'avenir de la société, parce qu'avec cette abondance de livres, le peuple va prétendre réfléchir là où il doit se borner à croire au salut des âmes !

— Il est vrai que les moines, en tant que scribes, n'auront plus d'emploi. Mais ils pourront se mettre eux aussi à imprimer des livres avec ma machine et à les vendre. Ainsi, il y aura de plus en plus de Bibles et de recueils de prières dans les foyers, ce qui sera très positif pour votre ordre, aussi bien sur le plan financier que religieux.

Les machines génèrent un mégagisement d'emplois

> *Derrière chaque fonction informatisée il faut — et il faudra sans cesse plus encore — 10, 100, 1000 cerveaux composant, formulant, imaginant, dessinant, se répartissant les tâches de l'environnement « programmatique ». (...) C'est un nouveau « continent d'emplois intelligents » et de tâches non mécaniques.*
>
> JEAN-JACQUES SERVAN-SCHREIBER, POLYTECHNICIEN

Certes, les moines-scribes ont très vite disparu après l'invention de Gutenberg, et c'est tant mieux, car la culture, la science et les connaissances ont pu alors se développer de manière quasi exponentielle. Du reste, l'imprimerie a vite créé, directement ou indirectement, des quantités d'emplois de différentes natures, là où l'écriture manuelle des livres ne requérait qu'un seul savoir-faire.

Il en est de même pour les NTIC. Elles ont déjà permis de créer des millions d'emplois et elles continueront à le faire. Ainsi, à terme (mais peut-être seulement à partir de 2010 ou de 2020), elles auront généré bien plus d'emplois qu'elles n'en auront éliminés.

Parmi tous ces métiers, on trouve :

- les concepteurs et créateurs d'images de synthèse et de jeux vidéo ;
- les chercheurs, créateurs et animateurs dans le domaine de la réalité virtuelle ;
- les concepteurs et les animateurs de l'enseignement donné dans Internet ;
- tous les métiers liés à l'intelligence artificielle et à la robotique scientifique, industrielle et domestique ;
- tous les emplois liés à la programmation informatique ;
- tous les métiers liés à la vente et à l'entretien des machines ;
- toutes les activités touchant la domotique ;
- tout ce qui concerne les conseils, les services et les consultations par le réseau Internet, dans nombre de domaines (médical, juridique, commercial, informatif) ;
- tous les services de vidéoconférence ;
- tous les métiers liés à la télévision à la carte.

Vous avez donc tout intérêt à vous mettre à la page et à vous adapter. Vous y gagnerez :

- l'emploi, pas le non qualifié, mais le qualifié (pour rester fidèle à la terminologie habituelle), avec la possibilité de trouver de l'intérêt, de la motivation et du plaisir au travail ;
- l'argent, qui procure, bien entendu, les moyens de subsistance et le confort ;
- du temps à consacrer aux loisirs, du fait que les machines, faisant nombre des choses ennuyeuses, allègent nos tâches ;
- et, en plus, quantité de moyens de s'informer, de communiquer, de créer, de jouer, en dehors du travail proprement dit.

Tout y est donc bénéfique. Alors, ne nous laissons plus terroriser par le mythe de l'« horreur économique », mais formons-nous et apprenons.

Les machines contribuent à changer les conditions de travail

Le travailleur classique avait son bureau. En revanche, le participant de l'entreprise virtuelle partage un certain nombre de ressources immobilières, mobilières et logicielles avec d'autres employés. Le membre de l'entreprise habituelle passait de l'espace privé de son domicile à l'espace public du lieu de travail. Par contraste, le télétravailleur transforme son espace privé en espace public et vice-versa.

PIERRE LÉVY, PROFESSEUR AU DÉPARTEMENT HYPERMÉDIAS DE PARIS VIII

Dans un avenir très proche, il semble que l'entreprise du futur n'aura plus de locaux, avec tout ce que cela représente en matière d'économie de loyer, d'investissement immobilier. Pourquoi une telle absence de locaux ? Tout simplement parce que les employés pourront travailler chez eux, sur leur ordinateur, sans avoir à se déplacer. Cela leur procurera un confort accru, un gain de temps et d'argent par rapport aux déplacements effectués pour aller travailler. Les mamans pourront avoir l'œil sur leur bébé. Ces employés épargneront ainsi des frais de garderie, où les places sont d'ailleurs souvent difficiles à trouver, tout en profitant d'un sentiment de sécurité accru en regard du bien-être de l'enfant. Il sera également possible de bénéficier d'horaires plus souples, lesquels seront établis en fonction de la vie de famille.

Cela s'appelle le « télétravail », et déjà beaucoup d'employés de bureaux ont adopté ce mode de fonctionnement et en sont satisfaits. Des employés rattachés au service commercial ont un micro-ordinateur pour seul lien entre eux et leur société, ce qui leur permet tous les échanges d'information utiles à la bonne marche des affaires : commandes, catalogues, factures, etc. Ce ne sont là que quelques exemples parmi tous ceux qui peuvent illustrer les avantages du travail en dehors des bureaux d'une entreprise.

Par ailleurs, aujourd'hui, si quelqu'un souhaite m'avoir comme thérapeute ou relaxologue, cette personne est obligée de se déplacer pour venir à mon cabinet, ce qui n'est pas très pratique si elle vit dans une autre région que la mienne. Mais, dans peu de temps, lorsque le visiophone[10] sera accessible à chacun, je pourrai donner des consultations à des personnes se trouvant à des milliers de kilomètres de chez moi. Non seulement nous nous entendrons comme au téléphone, mais *nous nous verrons,* ce qui est indispensable pour ajuster le travail thérapeutique au plus précis.

Donc, travailler chez soi grâce aux puces et à l'informatique représente la formule du proche avenir pour nombre de professions qui auparavant se pratiquaient en entreprise. Ce qui signifie, bien évidemment,

10. Visiophone : appareil qui permet de voir sur un écran l'image de la personne à qui l'on téléphone.

que la familiarisation avec les machines est la clé de cette évolution. Vous croyez que cette évolution ne vous concerne pas ou qu'elle ne vous concernera pas ? Peut-être avez-vous raison, mais peut-être pas. À votre place, à moins que vous ne soyez retraité, je ne miserais pas trop sur ce dernier cas de figure. Se maintenir en selle, c'est prévoir.

Les machines en tant que sources de changements du système éducatif

> *L'éducation entière est repensée par nombre d'entre nous : programmes d'apprentissage expérimentaux et éducation à la maison sous autorité parentale connaissent un grand succès.*
>
> BILL GATES, PDG DE MICROSOFT

Ces mots de Bill Gates — qui sait bien de quoi il parle ! — sont explicites : en matière d'éducation, l'évolution des jeunes risque fort d'être marquée par les NTIC. Bien sûr, des établissements scolaires subsisteront, mais pas de la même façon qu'aujourd'hui. Certains cursus seront achevés par des formations chez soi, à l'ordinateur. Le contact avec des sommités s'accentuera par le biais du courrier électronique, ou encore par la consultation du site Web du savant ou du créateur. Les étudiants pourront ainsi accéder aux plus récents développements de leur travail.

Les enseignants en chair et en os seront très certainement en moins grand nombre qu'aujourd'hui. Ils seront davantage de l'autre côté de l'écran, soit à donner des cours, soit à créer des programmes éducatifs. La demande de tels programmes sera de plus en plus forte et renouvelée, du fait des évolutions technologiques et scientifiques. Il n'y aura donc pas de risque de chômage pour les enseignants, sauf pour les inadaptés, les rétrogrades ou les technophobes.

Imaginez que vous habitez une petite ville. Vous êtes secrétaire et vous voulez changer de métier en poursuivant des études de psychologie. Actuellement, il vous faut trouver la faculté de psychologie la plus proche, y suivre les cours et, en même temps, gagner votre vie en gardant votre emploi. Cela signifie pas mal de déplacements et un ajustement presque impossible des horaires, ce qui rend la réalisation du projet très difficile. Même si vous vous lancez, du fait de ces problèmes, vous devez composer avec le risque d'abandonner vos études en cours de route.

Imaginez maintenant qu'en soirée ou pendant la fin de semaine, à vos heures et chez vous, vous recevez l'enseignement choisi sur votre micro-ordinateur : votre reconversion est alors en très bonne voie.

C'est cela aussi l'avenir de l'éducation. Mais pour y avoir accès, il faut pratiquer l'informatique. Il faut donc vraiment se mettre à la page, s'adapter et ne pas ou ne plus fonctionner comme le font Daniel et Isabelle.

La parole des victimes du mythe de la machine qui prend des emplois aux hommes

Pour illustrer le mythe de l'« horreur économique », voici le genre de discours que tiennent des technophobes qui en sont victimes.

Daniel est magasinier :

— Si tout le monde refusait de se mettre aux machines, il y aurait plus de travail pour tout le monde sur cette terre ! C'est bien depuis qu'il y a des ordinateurs et des robots que le chômage a explosé et que, comme aux siècles précédents, les patrons peuvent de nouveau tout exiger des employés. Si la plupart des acquis sociaux chancellent, c'est bien à cause de ces saletés de machines !

Ou Isabelle :

— Mon père a été jeté hors de son usine parce que des machines sont venues (sic), qui lui ont pris son travail. Et c'est un mouvement qui va en s'amplifiant. Ça me fait vraiment froid dans le dos. En plus, j'ai l'impression que, comme je n'arrive pas à me résoudre à me former à l'informatique, bien qu'on insiste en ce sens dans mon entreprise, je vais rester au même niveau toute ma vie pendant que les autres avancent. Ces satanés ordinateurs vont me maintenir au bas de l'échelle, vont m'empêcher de progresser.

Mettez-vous au défi

Les Grecs anciens disaient : « Connais-toi toi-même et tu connaîtras les dieux. » Il n'y a rien de tel, en effet, que de mieux comprendre les ressorts souterrains de son propre comportement pour commencer à s'éloigner de ses insuffisances et à se rapprocher des sommets. En ayant assimilé ce qui précède dans ce livre, il est probable que vous disposiez maintenant d'une compréhension plus lucide des causes qui sont à la source des problèmes pour lesquels vous avez attaqué cette lecture. Il est aussi probable que vous compreniez mieux les caractéristiques de ces mythologies qui ont pu imprégner inconsciemment ceux qui subissent technophobie et technostress, et qui vivent dans la peur même de finir victime ou pauvre.

Vous commencez probablement à avoir très envie d'aborder le monde et ses innovations technologiques comme si cela était un défi que vous vous lancez à vous-même : il s'agit de devenir un gagnant, un maître, un victorieux. Or, les NTIC sont aujourd'hui indissolublement liées à ces termes : gagner, maîtriser, vaincre.

Dans le prochain chapitre, vous trouverez d'excellents moyens de remplir ce contrat moral que vous devez conclure avec vous-même pour réussir dans ce challenge. Ces antidotes ont pour objectifs de vous guérir de l'influence des mythes qui affectent votre rapport aux NTIC et de vous doter de la maîtrise de ces dernières. Plus exactement, il s'agit de la méthode du cinéma, de la méthode du *swish,* de l'autohypnose, de l'autoprogrammation de ressources et de la technique de la visualisation. Ces méthodes que je vous livre dans ce dernier chapitre ont fait la preuve de leur efficacité, et ce, depuis déjà de nombreuses années. Utilisez-les, et vous constaterez à votre tour leur efficacité comme antidotes au technostress et à la technophobie.

8

LES TECHNIQUES DE GUÉRISON DU TECHNOSTRESS ET DE LA TECHNOPHOBIE

En ce qui a trait à l'application des techniques de guérison du technostress ou de la technophobie, il faut que vous gardiez à l'esprit le postulat suivant :

Peu importe que vous reconnaissiez
ou non les mythes dont vous êtes victime,
chaque technique que je vous donne
pour vous guérir
de la technophobie ou du technostress
est bonne pour vous.

Par conséquent, utilisez celles que vous voulez, dans n'importe quel ordre, en les variant au choix, en fonction de votre attirance ou de votre envie, de votre inspiration, de l'humeur du moment ou encore du temps dont vous disposez. Vous verrez que ces techniques de guérison sont plutôt faciles à appliquer, génèrent du bien-être et même parfois de l'euphorie, et qu'elles sont très efficaces pour éradiquer votre problème.

Cinéma contre cinéma

Le premier de ces antidotes visant à juguler les effets de la technophobie ou du technostress se nomme : cinéma contre cinéma.

Il faut bien le constater, à ce jour, aucune œuvre scientifique ne s'est trouvée douée de quelque chose qui pourrait s'approcher de l'intelligence humaine ou supra-humaine ni ne s'est retournée contre l'homme. Heureusement, Frankenstein, Hal et autres histoires de savants fous et d'inventions folles ne sont que des créations littéraires ou cinématographiques. Ce ne sont que des mythes, des représentations mentales. Du cinéma qui certes imprègne notre culture et notre imaginaire, mais qui reste seulement du cinéma !

Alors, combattons le feu par le feu, ou plutôt le cinéma par le cinéma ! Je vous invite à pratiquer un sympathique petit exercice mental qui a toutes les chances de vous guérir vite, bien et sans coup férir, de votre peur et du stress liés à la fréquentation des NTIC. Il vous suffit seulement de bien suivre les instructions, puisque c'est la condition nécessaire pour que cet exercice soit rapidement efficace et serve au mieux votre guérison.

La méthode du cinéma

Cette méthode nous vient de la Programmation Neuro-Linguistique (PNL)[1], qui est un ensemble de moyens thérapeutiques permettant

1. Programmation Neuro-Linguistique : ensemble de procédures thérapeutiques et méthode de développement personnel créées à partir des années 1970 par Richard Bandler (psychologue et informaticien) et John Grinder (linguiste).

de nous extraire de ce qui nous limite dans notre comportement ou, plutôt, d'éloigner au maximum ces limites de nous.

Vous allez vous livrer ici à une gymnastique mentale qui vise *à dire à votre Inconscient qu'il doit éradiquer en vous la phobie des ordinateurs* ou de toute autre machine, à votre convenance et selon vos besoins. Cette gymnastique mentale se déroule en deux étapes.

Première étape

Avec cette méthode, je vous emmène au cinéma. Vous devez donc tout d'abord créer votre film. Qu'il soit projeté sur grand ou petit écran, ou bien encore dans votre tête, un film est toujours le résultat d'un montage de plusieurs scènes qui se suivent. Par exemple, vous pouvez très bien voir sur votre téléviseur une première scène qui se passe dans une campagne verdoyante et où les héros de l'histoire s'embrassent à qui mieux mieux. Puis une autre scène apparaît, se déroulant cette fois dans un tout autre décor, soit un supermarché où des amis de nos héros font leurs emplettes. Ensuite, vous voyez la rue, juste devant ce supermarché, où des malfaiteurs, qui ont pour dessein de commettre un vol à main armée, sortent en trombe de leur voiture, armes au poing, pour aller dévaliser le magasin. Un montage, c'est cela, et, dans cet exemple, trois scènes apparaissent l'une après l'autre sur l'écran.

Votre montage à vous va comporter seulement deux éléments : un film et une image statique.

Le film

Dans votre regard intérieur, créez maintenant, en gardant les yeux fermés, le « film des horreurs », c'est-à-dire celui dans lequel vous vous trouvez lourdement en butte à votre technophobie. Je dois ici insister sur un point important. Lorsque je parle de « film » et de « regard intérieur », cela veut dire que vous devez faire en sorte que votre sens visuel soit concerné, et que vous devez voir, *visualiser* les images en question. Par conséquent, n'ayez pas seulement en tête des idées vagues ou des phrases décrivant les événements. Rassurez-vous, car les gens qui ne parviennent pas à voir des images dans leur regard intérieur sont rarissimes ou aveugles de naissance. Ce qui signifie qu'il y a tout lieu de penser que vous êtes parfaitement capable de visualiser, après l'avoir fabriqué mentalement, le film dont nous avons besoin.

Le « film des horreurs », disais-je. Vous devez vous mettre en scène avec tous les éléments caractéristiques de votre phobie ou de votre stress : peur, maladresses, impression d'incompétence, sentiment d'infériorité. Si vous avez déjà vécu une situation d'échec en utilisant une machine, servez-vous de ce souvenir pour mettre en place les diverses séquences du film.

Pour que vous compreniez bien, prenons un exemple qui m'a été relaté. Lors d'un test destiné à mesurer les aptitudes informatiques nécessaires à l'obtention d'un emploi, Noémie est mise devant un clavier d'ordinateur de manière tout à fait impromptue, avec pour instructions de créer un tableau avec des rubriques, puis un graphique contenant des pourcentages. Elle possède quelques notions, mais se sent profondément incompétente et, de toute façon, elle a encore plus peur de la machine que de ses propres limites. Elle m'a raconté avoir eu l'impression que son cerveau se paralysait, qu'il ne lui livrait qu'une page blanche, sans les données nécessaires pour remplir la tâche en question. Elle s'est alors mise à trembler, puis à fondre en larmes, et s'est rapidement sauvée sans explication. Voilà une magnifique manifestation de technostress !

Pour en revenir à notre exercice de création d'un « film d'horreur », Noémie pourrait se revoir dans cette même scène et le film qu'elle créerait alors lui montrerait cet épisode de sa vie.

Maintenant, peut-être n'avez-vous pas encore eu l'occasion de vous retrouver concrètement devant la machine-objet-de-vos-craintes, parce que vous avez toujours manœuvré jusqu'à aujourd'hui pour éluder une telle confrontation. Alors, inventez de toutes pièces un film dans lequel vous impliquerez toutes vos inhibitions, votre incapacité à fonctionner. Vous devez y voir l'objet litigieux, la machine, et vous sentir dans l'état technophobe le plus lourd possible.

Pour vous permettre de mieux comprendre, exemplifions cette autre variante de technophobie, et du « film d'horreur » qui en résulte, en nous fondant cette fois sur la stratégie de l'évitement.

Étant toujours parvenu à louvoyer et à trouver des prétextes pour ne pas se mettre en situation, Henry a imaginé un film dans lequel il se voit, résistant de toutes ses forces et néanmoins contraint de s'approcher d'un ordinateur, poussé-traîné-tiré par les collègues qui, dans la vie, cherchent déjà à le persuader de se mettre à l'informatique. Il est assis de force, obligé de regarder le clavier, l'écran, de taper sur des touches, de manœuvrer la souris. Quelle épouvante pour Henry ! Il résiste, refuse, et parvient à s'échapper, avec un énorme sentiment d'échec et de dévalorisation personnelle. Quant à son image de soi, elle est en miettes.

À vous de jouer maintenant, en vous rappelant que dans ce film, vous vous mettez en scène dans la pire situation de technophobie ou de technostress à laquelle vous voulez échapper. Ce film que vous créez doit durer entre 30 et 45 secondes environ, tout en devant représenter une tranche de vie bien plus longue.

Quand vous aurez bâti ce film, pour bien le posséder, regardez-le bien, visionnez-le encore deux fois *in extenso*. Ce film, nous allons l'intituler : *Techno-échec*.

L'image statique

Dans le cadre de cet exercice de création et de montage de votre film, vous devez maintenant chercher dans vos souvenirs un moment où vous avez eu du succès, un épisode de votre vie, un souvenir *réel* dans lequel vous avez été victorieux, gagnant, « le meilleur », où vous avez renversé un obstacle ou été complimenté, ou bien où vous vous êtes senti heureux parce que vous étiez à votre plus haut niveau. Il est important que ce souvenir vous fasse, encore aujourd'hui, au moins un peu chaud au cœur, qu'il éveille comme une bouffée de contentement, de sentiment de valeur personnelle, de victoire. Allez-y, cherchez, et ne dites pas que vous n'en trouvez pas ! Chaque être humain a vécu ce genre de situation à un moment ou à un autre de son existence, dans quelque domaine que ce soit (sport, examen, permis de conduire, séduction, concours, travail). Et peu importe l'époque à laquelle cet événement s'est produit, vous pouvez le prendre même si c'est un épisode lointain de votre passé.

Quand vous avez trouvé ce souvenir, repassez-le dans votre regard intérieur, les yeux fermés, pour en isoler une image statique, laquelle doit être le moment le plus fort, l'image la plus positive pour vous. Cette image, nous allons la nommer « succès ».

Le montage

Vous disposez maintenant des deux parties de votre montage cinématographique : le film en lui-même (*Techno-échec*) et l'image statique (« succès »). La méthode que je vous propose pour monter ces éléments est la suivante :

- Vous devez tout d'abord voir dans votre regard intérieur l'image statique « succès », en noir et blanc.
- Puis, vous devez voir le film *Techno-échec* en entier, aussi en noir et blanc.

- Enfin, vous devez voir l'image statique « succès », en couleurs.

Les notions d'« associé » et de « dissocié »

Maintenant que votre film est monté, il est essentiel que vous saisissiez la signification des deux notions d'associé et de dissocié. En effet, dans un souvenir ou une scène que vous vous repassez mentalement et dans lesquels vous êtes acteur ou actrice, vous pouvez vous percevoir de deux façons :

- Comme associé (sous-entendu : associé à vous-même), vous vous sentez vivre la scène ou le souvenir *de l'intérieur de votre corps*. Vous voyez les différents éléments et protagonistes à travers les yeux de votre propre personnage, et vous les percevez à travers vos sens. Par exemple, alors que vous lisez en ce moment même ces lignes, vous êtes associé (à vous-même) : tout ce que vous percevez résonne à travers vos sens, à l'intérieur de votre corps, de votre tête. Quand vous êtes associé, il vous est impossible de voir votre visage, votre dos, etc. (sauf dans une glace). *Vous êtes acteur.*
- Comme dissocié (sous-entendu : dissocié de vous-même), vous vous voyez de l'extérieur (de dos, de face, de profil), c'est-à-dire que *vous êtes spectateur* de vous-même et de la scène. Pour bien comprendre cela, imaginez que vous visionnez une vidéo de vos dernières vacances, au moment où vous vous êtes jeté d'un pont en saut à l'élastique. Dans cette posture, vous êtes associé au vous-même qui est assis dans le fauteuil et qui regarde l'écran, et dissocié du vous-même qui se trouve sur l'écran.

Ce concept associé-dissocié est très important pour la mise en œuvre de la méthode du cinéma contre cinéma. Voilà, tout est prêt pour que vous utilisiez sur vous-même cette miraculeuse méthode qui a déjà guéri en quelques courts instants plus d'une phobie à ce jour.

Seconde étape

Vous allez, les yeux fermés, visualiser ce qui suit, en respectant bien l'ordre et le déroulement des différents enchaînements. Au besoin, entraînez-vous deux ou trois fois lentement avant d'y aller « à fond ».

1. Sentez-vous assis dans une salle de cinéma (c'est-à-dire, soyez associé au vous-même qui est assis). Regardez l'écran sur lequel se trouve l'image statique que nous avons appelée « succès », et qui est *en noir et blanc*.
2. Une fois ceci bien mis en place et ressenti, quittez votre corps qui est assis dans le fauteuil, c'est-à-dire dissociez-vous de ce vous-même, et allez à l'arrière dans ce que nous allons nommer « la salle de projection ». Assurez-vous alors qu'il y a bien trois vous-même dans la scène : un à l'arrière, associé ; un dans le fauteuil, dissocié ; et un sur l'écran, dissocié.
3. Maintenant, regardez l'écran. Le film, que nous avons appelé *Techno-échec,* s'enclenche et se déroule, de l'image A à l'image Z, *en noir et blanc*. Tout de suite après l'image Z, l'image « succès » apparaît sur l'écran. Elle est toujours statique, mais cette fois-ci elle est *en couleurs*.
4. *Attention à ne pas oublier cette quatrième étape* : associez-vous au vous-même de l'image « succès », c'est-à-dire rentrez dans cette scène et dans l'écran.
5. Ensuite, *et en deux secondes au plus* (il est impératif de respecter ce court délai pour que la méthode fonctionne !), rembobinez le tout

en couleurs et en restant soigneusement associé à vous-même. C'est-à-dire que vous vous sentez passer de l'image « succès » à l'image Z du film *Techno-échec,* puis il y a un déroulement à rebours jusqu'à l'image A, puis un retour à « succès ». Attention, je dois ici insister pour que cette méthode soit bien comprise : il s'agit de rembobiner le film *en y étant cette fois-ci associé,* donc de tout revivre à l'envers. Pour vous aider à comprendre, souvenez-vous que, quand la pellicule se déroule dans le bon sens, l'acteur marche vers l'avant, alors qu'il recule lors du rembobinage. Ou encore, lorsque à l'endroit, l'eau sort de la bouteille pour tomber dans le verre, et lorsque à l'envers, elle ressort du verre pour se réengouffrer dans la bouteille qui est au-dessus.

6. Ensuite, dès que vous vous retrouvez associé à l'image « succès » en couleurs, à la fin du processus, *ouvrez immédiatement les yeux et concentrez-vous aussitôt sur n'importe quoi se trouvant dans votre environnement.* Ceci pour que vous « décrochiez » instantanément de ce que vous venez d'accomplir mentalement ; donc, ne vous y reportez pas, ne jugez pas votre prestation, n'y repensez pas !

Vous laisserez ainsi passer une trentaine de secondes et vous recommencerez l'ensemble du processus quatre ou cinq fois de suite.

Je vous conseille de vous entraîner quelques fois pour bien vous familiariser avec cette méthode dite du cinéma contre cinéma et, dès que vous vous sentez capable de respecter tous ses impératifs (noir et blanc, couleurs, dissocié-associé et, tout particulièrement, celui des deux secondes maximum pour le rembobinage), allez-y.

Il pourra vous être utile de réitérer cet exercice pendant les jours suivants, toujours quatre ou cinq fois d'affilée, en respectant bien toutes les étapes, afin que le message parvienne bien à son destinataire, votre Inconscient, qui alors éliminera en moins de deux votre technoproblème.

Vous serez étonné des résultats. Avec cette « méthode du cinéma », le miracle n'est pas bien loin. Elle permet de contrer toutes les idées négatives et limitantes que vous vous faites, conscientes ou inconscientes, et qui alimentent technophobie et technostress.

Le *swish*

Le *swish* que je vais vous décrire maintenant est une autre méthode pour vous guérir du technostress, de la technophobie. Tout comme la méthode du cinéma, ce merveilleux moyen thérapeutique est issu lui aussi de la Programmation Neuro-Linguistique. Comme toujours, avec ce genre de technique mentale, il convient de respecter soigneusement les différentes étapes du processus que je vais vous décrire. Rassurez-vous : c'est plus facile à faire qu'à écrire. Une fois que vous avez lu toutes les instructions, entraînez-vous trois ou quatre fois « à blanc » pour bien réaliser l'ensemble du *swish,* lequel se déroule en deux étapes principales. Quand vous sentirez que vous vous souvenez de tout, et dans le bon ordre, vous le pratiquerez alors sept fois d'affilée, et avec exactitude.

Première étape

Créez les images dont vous avez besoin

Il vous faut deux images, tout à fait antinomiques dans leur esprit.

En y étant associé, retrouvez une image mentale (c'est-à-dire *visualisez-la* dans votre regard intérieur, en gardant les yeux fermés), statique, dans laquelle vous vous êtes trouvé en situation de technophobie ou de technostress, par exemple lors d'un rapport que vous avez eu avec une de ces machines que vous redoutez. À l'aide de cette image, vous devez éveiller en vous, c'est-à-dire *ressentir réellement autant que vous le pourrez,* les émotions et les sentiments négatifs, phobiques, stressants qui vous empêchent de fonctionner en ayant une totale confiance en vous et en toute liberté face à l'engin incriminé.

Par exemple, si vous avez un jour « perdu les pédales » en étant assis devant un ordinateur ou un terminal, vous devez extraire la pire partie de cette séquence vécue sous la forme d'une image statique, associée, et assortie du plus fort vécu émotionnel possible de vos difficultés. Ou bien si, devant l'insistance d'autrui, vous avez résisté de toutes vos forces à l'idée de vous asseoir devant un écran (ou d'agir sur tout autre appareil des NTIC), là aussi choisissez l'image la plus négative pour vous, et tentez de revivre les sentiments et les émotions pénibles que vous avez ressentis alors, leur donnant la plus grande intensité possible.

Cette image doit donc correspondre à une tranche de votre vie passée, être un *souvenir.* Fixez bien tous ces éléments dans votre pensée pour vous en rappeler tout à l'heure. Nous allons l'appeler « image A ».

En en étant dissocié, créez de toutes pièces (attention : *cela ne doit PAS être un souvenir,* mais une complète invention de votre part), en ayant les yeux fermés, un film *convaincant* dans lequel vous vous voyez en train de fonctionner avec aisance, plaisir, facilité, enthousiasme et maîtrise, devant ou avec la machine qui vous fait habituellement peur ou vous stresse.

Notez bien que, dans l'imaginaire, nous avons tous les droits et toutes les possibilités, nous ne sommes pas limités par la logique ou la vraisemblance. Donc, laissez-vous aller, faites le maximum pour vous voir à votre plus haut niveau dans votre commerce avec l'engin. Il vous faut tout de même rester réaliste et ne pas imaginer des choses complètement impossibles.

Pour mieux vous édifier à ce sujet, voici un exemple de film convaincant créé de toutes pièces, dans lequel Maïté, une grande technostressée, pianote sur un clavier devant un écran d'ordinateur, très à l'aise, souriante, efficace. À côté d'elle, son chef a l'air très content de son travail, alors qu'à l'accoutumée, ce dernier se montre plutôt insatisfait et ne se prive pas de le lui faire remarquer. Maïté embellit même son écran, son clavier et son bureau pour les rendre plus sympathiques : couleurs douces, lys en pot, davantage d'ordre que d'habitude.

Quand vous aurez vous-même créé votre film dans votre regard intérieur, extrayez-en alors une image statique, la plus positive possible par rapport à votre fonctionnement avec la machine. Regardez-la bien et stockez-la dans votre mémoire. Nous allons l'appeler « image B ».

Seconde étape

Procédez au *swish*

Cette méthode comporte quatre étapes secondaires, qu'il vous faut suivre scrupuleusement.

1. Fermez les yeux et rappelez dans votre regard intérieur l'image A, associée, de la taille approximative d'une feuille d'environ 45 centimètres sur 60. Si cette image n'est pas assez lumineuse, rajoutez-y mentalement de la luminosité. Et surtout, autant qu'il vous est possible, battez le rappel des sentiments-émotions négatifs de peur, d'anxiété, de résistance, de stress, etc., de manière à bien mettre en place en vous, en connexion avec cette image, *le vécu de votre problème*. Prenez votre temps pour faire cela, mais pas trop pour que votre concentration ne « lâche » pas.
2. Dans le coin inférieur droit de l'image A, mettez l'image B, dont la grandeur équivaut à environ un sixième de la grandeur de l'autre.

Elle est donc petite, dissociée, et doit être moins lumineuse que l'image A (si nécessaire, vous devez diminuer la luminosité). Pas de sentiment-émotion avec cette image. Là aussi, prenez un peu de temps pour la positionner, mais pas trop, pour la même raison que précédemment.

3. Procédez au *swish* en lui-même. Cela consiste, *en une demi-seconde*, à *agrandir* et à *rendre lumineuse* l'image B, qui doit recouvrir intégralement l'image A, laquelle doit être détruite *dans la deuxième demi-seconde* de la manière suivante : rendez-la de plus en plus petite et de plus en plus sombre, jusqu'à ce qu'elle se réduise à un point qui finalement s'évapore. En d'autres termes, vous devez faire imploser l'image A derrière l'image B agrandie. Souvenez-vous des anciens téléviseurs. Quand on les éteignait, l'image se rétractait à toute allure pour finir comme un point au centre de l'écran — puis plus rien. C'est cela l'idée. Surtout, ne vous contentez pas seulement de recouvrir l'image A par l'image B. Ne faites pas non plus un transfert d'images, l'image A allant dans le coin inférieur droit, derrière l'image B. Enfin, ne laissez pas davantage partir l'image A on ne sait où dans la nature.

Vous devez mentalement, avec force et énergie psychique, faire vivre en vous l'image B et tuer l'image A. Et en une seconde tout au plus !

4. C'est l'étape la plus facile. Dès que vous avez procédé à la troisième étape, c'est-à-dire au *swish,* et sans vous attarder à son résultat final dans votre regard intérieur, ouvrez immédiatement les yeux et concentrez-vous sur quelque chose de votre environnement pendant une trentaine de secondes. En d'autres termes, *décrochez immédiatement* de ce que vous venez de faire aux

étapes 1, 2 et 3, n'y pensez plus, ne jugez pas votre prestation, ne la critiquez pas, portez votre attention sur autre chose !

Comme je l'ai déjà dit, vous devez faire successivement sept *swish* complets. Ensuite, vaquez simplement à vos activités sans plus vous occuper de ce que vous venez de faire. Votre Inconscient, qui aura réceptionné le message, prendra en charge la guérison progressive de votre technostress ou de votre technophobie.

Encore un mot à ce propos : si vous avez un « lourd passé », c'est-à-dire vécu beaucoup d'événements-stress liés aux NTIC, vous pouvez faire plusieurs *swish* différents en reprenant, pour chacun d'entre eux, un de vos souvenirs (image A) et en leur créant un nouveau correctif (image B).

Le *swish* est un merveilleux outil thérapeutique dont vous disposez pour éliminer des « embêtements » issus de votre psychomental et pour les remplacer par de bonnes capacités. Il est même capable de créer en vous l'envie, la motivation et la capacité de devenir technomaître !

L'autohypnose

Je vous propose maintenant une très agréable et très étonnante technique thérapeutique, qui va vous permettre de vous servir de votre propre aptitude à vous autohypnotiser pour vous libérer du technostress ou de la technophobie.

Cette technique offre même des avantages supplémentaires. En autohypnose, vous vous relaxez, vous vous détendez, vous vous régénérez sur le plan énergétique, ce qui, comme chacun le sait, est excellent contre le stress, qu'il soit techno ou autre, et contre le sentiment d'inquiétude, fondés ou non.

L'autohypnose fonctionne ici comme un effaceur d'empreintes psychologiques négatives et sert à vous imprégner, à leur place, des convictions positives et désirables dont vous avez besoin pour être motivé, aller de l'avant et réussir facilement à atteindre vos buts. Et cela, que ce soit pour aborder les machines d'un cœur léger ou pour atteindre n'importe quel autre objectif que vous vous êtes fixé[2].

Pour vous mettre en état d'autohypnose, vous devez tout d'abord apprendre par cœur le texte qui suit[3]. Ensuite, il faut vous isoler et vous installer confortablement dans un fauteuil (pas dans un lit) en vous couvrant si vous risquez d'avoir froid. Posez les mains sur les cuisses, fermez les yeux, parlez-vous mentalement et lentement, et accomplissez, toujours mentalement et pendant les points de suspension, ce que vous vous dites ainsi :

« Me voici assis, à l'aise, dans ce fauteuil, et je vais maintenant me laisser aller dans un état de conscience confortable et paisible, reposant et régénérant.

Pour cela, je porte tout d'abord *toute* mon attention sur mes pieds, sur mes deux pieds… je ressens bien la façon dont ils sont posés au sol et j'évalue mentalement leur distance, l'un par rapport à l'autre… Et je sens aussi le contact de la semelle de mes chaussures avec la plante de mes pieds…

À présent, je porte *toute* mon attention sur mes deux mollets et mes deux tibias… et là, je sens très bien le contact du tissu de [ma robe, mon pantalon, mes chaussettes ou mes bas, selon le cas], là

2. Vous pouvez trouver toutes les informations sur les extraordinaires résultats que l'on peut obtenir grâce à l'autohypnose, ainsi que d'autres techniques de développement personnel, dans le livre *Bien se connaître pour bien piloter sa vie,* d'Érica Guilane-Nachez, publié chez InterÉditions-Dunod.

3. Vous pouvez vous épargner ce travail en vous procurant le CD ou la cassette de cette autohypnose, *Éliminez la phobie de l'ordinateur*, au Centre d'Énergétique Humaine, 7, place d'Austerlitz, F-67064 Strasbourg, France.

où cela touche la peau de mes mollets, de mes tibias… Je reconnais, je repère attentivement cette sensation du contact du tissu sur la peau de mes mollets, de mes tibias…

Et maintenant, c'est sur mes deux genoux que je porte *toute* mon attention… très soigneusement, je repère la sensation du contact du tissu de [comme précédemment] sur la peau de mes genoux…

Et à présent, je reporte *toute* mon attention sur mes cuisses… Je repère les sensations du contact de mes mains sur mes cuisses… aux endroits exacts où elles sont en contact… je ressens bien exactement à l'avant des cuisses le contact de chacun de mes doigts… et de la paume de chacune de mes mains… Et aussi, à l'arrière de mes cuisses le contact avec le fauteuil… Et, en étant *extrêmement* attentif, peut-être, dans un instant, ressentirai-je un petit chatouillis… ou un frémissement de la peau… quelque part au niveau d'une cuisse… ou de l'autre cuisse… Et dans ce cas, j'y demeure très attentif pour le repérer quand cela se produit…

Et maintenant c'est sur mon bassin que je reporte *toute* mon attention… sur l'ensemble de mon bassin… Et déjà, à l'arrière de mon bassin, je reconnais et je ressens la sensation du contact avec le fauteuil… Et à l'avant, je ressens bien le petit mouvement du ventre pendant la respiration, quand il s'élève et s'abaisse…

Et à présent, c'est sur mon dos, sur l'ensemble de mon dos, que je reporte *toute* mon attention… Et tout d'abord, je discerne bien la sensation du contact de mon dos avec le fauteuil… et je distingue les zones de ce contact de celles où mon dos n'est pas en contact avec le dossier du fauteuil… Et là aussi, peut-être qu'un petit frémissement de la peau… ou un petit chatouillis… peut se manifester… maintenant ou un peu plus tard… quelque part dans mon dos… et j'y suis très attentif… de manière à bien le repérer quand cela se présente…

Et maintenant, c'est sur ma nuque... et sur l'arrière de ma tête... et sur mon cuir chevelu... que je porte *toute* mon attention... Et en y étant *extrêmement* attentif, peut-être que je peux repérer un petit frémissement de la peau... tout léger... au niveau de mon cuir chevelu... un petit frémissement quelque part au niveau de mon cuir chevelu... Et dans ce cas, je le reconnais immédiatement et je le repère...

Et à présent, je compte de 10 jusqu'à 1 et, à chaque chiffre descendant que j'énonce, je me laisse aller dans un état de conscience plus détendu... et plus relâché... (*bis*)... Et je commence à compter maintenant...

10... 9... 8... 7... 6...

Je m'autorise à aller encore davantage dans un état de conscience plus détendu... plus relâché... plus reposé...

5... 4... 3... 2... 1...

Et maintenant que je me trouve dans un état de conscience paisible et intériorisé... détendu et reposé... le moment est venu d'imprégner mon Inconscient, pour mon plus grand bien... et pour l'harmonieux développement de ma personnalité et de mon pouvoir d'action... de ces excellentes certitudes[4]...

Chaque jour et sur tous les plans, je me sens mieux, et de mieux en mieux...

Je développe facilement ma capacité à maîtriser [nommer les machines qui vous posent problème]...

Il m'est de plus en plus facile d'apprendre à utiliser (*idem*)...

---

4. Dites-vous mentalement les phrases de suggestion, dans n'importe quel ordre, deux à trois fois chacune, en vous maintenant surtout dans l'état de conscience que vous avez atteint après vous être concentré sur la nuque et le cuir chevelu. Si vous sortez de cet état de conscience, votre Inconscient ne vous entendra plus et vous n'obtiendrez pas les résultats escomptés. Donc, prenez votre temps, soyez calme, concentré et intériorisé pendant que vous vous suggérez les nouvelles certitudes qui doivent éliminer et remplacer les anciennes alimentant technophobie ou technostress.

Je suis heureux de découvrir le plaisir qu'il y a de me servir de (*idem*)...

Je renforce mon bagage et mes connaissances, parce que cela m'enrichit mentalement et concrètement...

Je renforce mon bagage et mes connaissances, parce que cela me fait plaisir et me valorise...

J'ai beaucoup de choses à gagner à utiliser (*idem*)...

Chaque jour et sur tous les plans, je me sens mieux, et de mieux en mieux...

Et maintenant, je vais compter de 1 jusqu'à 10... et à 10, je reporte *toute* mon attention sur mon cuir chevelu... (*bis*)...

1... 2... 3... 4... 5... 6... 7... 8... 9... 10...

[Accélérez un peu à partir de là.]

À présent, je porte progressivement mon attention sur toutes les parties de mon corps, assez rapidement, de la tête jusqu'aux pieds... Voilà qui est fait.

Et maintenant je fais l'inverse : des pieds jusqu'à la tête... Voilà qui est fait.

Et à présent, je compte de 1 jusqu'à 3 et je claque des doigts. À mon claquement de doigts, j'ouvre les yeux et je m'étire. Je suis en pleine forme et en parfaite santé. (*bis*)

1... 2... 3... Claquement de doigts. »

Voilà. Le tout vous prendra de 15 à 20 minutes environ. Sachez qu'une seule fois ne suffit pas pour détruire les idées négatives et nuisibles que vous vous faites de vos capacités : il faudra réitérer cette séance d'autohypnose. Aussi, faites-la de temps à autre quand vous avez un moment et sans en faire un pensum, c'est-à-dire quand vous en avez envie. Je vous rappelle que vous y trouverez ces inestimables avantages secondaires que sont une saine relaxation, une remise en place de vos énergies *et un moment d'agréable paix,* soit autant de choses indispensables pour faire face à l'agitation de la vie moderne. Faites-en aussi un rendez-vous avec vous-même où vous vous occupez de vous, rien que de vous, ce qui n'est peut-être pas si fréquent.

Alors ne vous en privez pas, car tout ce qui contribue à éliminer des sentiments d'infériorité ou d'insuffisance personnelle est inestimable.

L'autoprogrammation de ressources

Je vous propose à présent une merveilleuse technique que j'ai mise au point : *l'autoprogrammation de ressources*[5], qui permet que s'établisse une forme de dialogue avec votre Inconscient. Comme son nom l'indique, elle vise à vous apprendre à puiser dans votre « réservoir » de ressources et de capacités pour en disposer à votre gré.

C'est dans l'Inconscient que se trouve le fameux réservoir de ressources, dont chacun de nous dispose potentiellement. Mais beaucoup de ces ressources dorment indéfiniment, faute d'être « appelées » à la surface, c'est-à-dire utilisées pour agir, résoudre des problèmes, réussir à atteindre des objectifs, etc. Or l'autoprogrammation de ressources vise très précisément, *et pour des objectifs précis et courts dans le temps* (pas plus d'une journée), à appeler à votre aide ces ressources dormantes pour en disposer lorsque vous en avez besoin. Par exemple, vous pouvez vous servir de cette technique la prochaine fois où vous aurez à programmer votre magnétoscope, ou bien pour ce moment où vous aurez décidé de vous mettre à apprendre à utiliser un ordinateur.

---

5. Vous pouvez en découvrir les multiples autres applications en matière de développement de la personnalité toujours dans *Bien se connaître pour bien piloter sa vie,* d'Érica Guilane-Nachez.

Quelles sont donc les ressources protechnos que vous demanderez pour cela ? À vous de choisir. Mais, dans tous les cas, *ce sont des comportements, des attitudes, des façons d'agir, des capacités et des talents dont vous pouvez avoir besoin pour être efficace, opérationnel, et pour bien fonctionner dans vos rapports avec une des NTIC.* En d'autres termes, c'est tout ce dont vous avez besoin pour vous y mettre, facilement, avec enthousiasme et plaisir, sans technophobie ni technostress. Précisons cependant que ces ressources ne réfèrent pas aux connaissances et au bagage qui sont à apprendre : aucune technique thérapeutique ne fournit la « science infuse » !

Donc, demandez-vous de quelles ressources et capacités vous auriez besoin pour bien maîtriser les NTIC : efficacité, facilité à vous servir de votre machine, envie de vous mettre aux NTIC, confiance en votre capacité à utiliser l'outil informatique, concentration, maîtrise de vos émotions, inspiration, précision de la pensée, tranquillité d'esprit, calme.

Je peux vous affirmer que ces ressources se trouvent au fond de vous et, même si vous ne me croyez pas encore, je vous conseille de vous familiariser avec la technique de l'autoprogrammation de ressources, parce qu'elle pourra également vous servir dans beaucoup d'autres domaines, sans rapport avec le technostress et la technophobie. En effet, vous pouvez y recourir chaque fois que vous êtes en mesure de prévoir que vous aurez besoin de bien « fonctionner » : pour un entretien d'embauche, pour une prestation de quelque nature qu'elle soit, pour une confrontation, pour faciliter un apprentissage, pour réussir des examens ou, tout simplement, pour bien dormir la nuit prochaine, ou pour avoir de l'énergie (qui est une ressource) pour votre journée de travail du lendemain.

Alors, même si c'est la seule parmi les techniques que je vous propose qui demande du temps et quelques efforts pour être mise en place, elle vaut largement la peine et l'attention que vous lui porterez. De surcroît, en plus de l'accès à vos ressources et à vos capacités sur commande, elle vous procure quasi instantanément un moment de relaxation et de régénération énergétique, ce qui n'est nullement négligeable si on tient compte de l'agitation et des difficultés de la vie moderne.

Quatre étapes pour l'autoprogrammation de ressources

Pour intégrer pleinement cette technique de l'autoprogrammation de ressources, vous devez mener à bien et respecter quatre étapes, le tout pouvant s'étaler sur quelques semaines, en pratiquant tous les jours de préférence. Mais rassurez-vous, c'est facile à réaliser et cela ne vous prendra qu'une dizaine de minutes chaque fois.

Première étape

Vous devez tout d'abord affiner votre perception de ce que vous ressentez sur le plan visuel (interne : yeux fermés) puis kinesthésique, c'est-à-dire sur le plan des sensations corporelles. Et cela parce que vous devez aboutir, non pas à un monologue, mais à un *dialogue* avec votre Inconscient. Or, comme votre Inconscient n'est pas l'instance qui verbalise en vous, il ne peut donc pas vous répondre avec des mots, mais par une sensation visuelle ou kinesthésique précise, qu'il est le seul à pouvoir choisir et qui sera peut-être relativement ténue au début. Sans cette sensation repérée par vous, il ne peut pas y avoir de dialogue avec l'Inconscient.

Alors, pour parvenir à repérer cette sensation, son signal de réponse, pendant environ deux semaines offrez-vous une dizaine de minutes de détente chaque jour, en procédant de la façon suivante :

- Isolez-vous, prenez une position confortable (pas au lit) et fermez les yeux.

- *Parlez* en faisant des phrases *complètes, descriptives et précises, et en vous y impliquant* (c'est-à-dire en y mettant « je »). Parler donc pour décrire, pendant environ cinq minutes, tout ce que vous voyez dans vos yeux fermés. Par exemple : « Je vois une tache de forme un peu ronde, qui se trouve actuellement vers le milieu du champ visuel gauche… et qui, maintenant, est en train de se déplacer vers le milieu du champ visuel », etc. Sachez que jamais rien de figuratif n'apparaît, mais des couleurs, des taches, des éclairs, des zones plus ou moins lumineuses.
- Ensuite, *toujours en parlant,* faites la même chose pendant environ cinq minutes pour décrire cette fois-ci toutes les sensations physiques que vous repérez. Par exemple : « Je ressens une sensation de chaleur qui afflue dans mes mains ; je perçois un grattouillis au milieu de l'avant-bras droit ; j'ai une sensation de « fourmis » au bout des quatre doigts de la main gauche et un mouvement involontaire du petit doigt gauche », etc. Cherchez du côté des chatouillis, des grattouillis, des fourmillements, du chaud, des sensations de gonflement, des mouvements involontaires, des changements du rythme respiratoire, des petits spasmes.

En accomplissant cette première étape, vous vous mettez en mesure de bien repérer la réponse que votre Inconscient choisira de vous donner lors de la troisième étape.

Deuxième étape

Dans le cadre de la première étape, vous avez atteint un état de conscience légèrement modifié. Il s'agit maintenant d'approfondir un peu ce nouvel état de conscience. Pour cela, vous devez apprendre par cœur le texte qui suit. Ceci vous permettra de ne pas risquer de sortir de l'état de conscience atteint, par crainte de ne pas vous souvenir de ces paroles, ce qui est le contraire du but recherché[6].

Ce nouvel état de conscience, que j'ai décidé d'appeler *Niveau Aleph,* doit être « codé », c'est-à-dire allié à un petit processus. Il vous sera très facile par la suite de réenclencher facilement cet état de conscience rien qu'en utilisant le « code », c'est-à-dire sans passer par l'ensemble du processus de cette deuxième étape. Plus précisément, cette deuxième étape comporte deux parties.

Première partie

Voici donc venu le moment de mettre ce code en place. Pour cela, vous allez procéder en posant une fois par jour les gestes suivants, et en répétant cette opération en moyenne pendant deux semaines.

- Isolez-vous, prenez une position confortable (pas au lit), fermez les yeux.
- Refaites, pendant deux ou trois minutes, l'exercice visuel de la première étape.
- Refaites l'exercice kinesthésique de la première étape, qui porte sur les sensations physiques.
- Ensuite, mentalement, c'est-à-dire sans parler cette fois-ci, dites-vous en respectant un petit silence aux points de suspension :

« Et maintenant, je vais me laisser aller dans un état de conscience plus confortable, plus reposant et plus profond... Et pour cela, je

6. Il existe un CD, intitulé *Votre Niveau Aleph,* qui vous guide pour réaliser l'ensemble de ces deux premières étapes et qui vous évite d'avoir à apprendre ce texte par cœur. Vous pouvez vous le procurer au Centre d'Énergétique Humaine, 7, place d'Austerlitz, F-67064 Strasbourg.

vais compter de 10 jusqu'à 1... Et à chaque chiffre que je vais énoncer, je me laisse glisser dans un état de conscience plus reposant et plus profond... Je commence à compter à présent...

10... 9... 8... 7... 6...

Je me laisse aller dans un état de conscience encore plus profond, plus reposant, plus régénérant...

5... 4... 3... 2... 1... »

Restez un instant silencieux mentalement pour vous sentir, si possible, descendre encore plus profondément, en abaissant les yeux sous vos paupières closes.

Puis ajoutez : « L'état de conscience dans lequel je suis en ce moment est mon *Niveau Aleph*... Cet état de conscience s'appelle mon *Niveau Aleph*...

Je peux revenir facilement, rapidement et à tout moment dans ce même état de conscience qui s'appelle mon *Niveau Aleph*... Pour cela, il me suffit de m'installer dans une position confortable, les yeux fermés... et de respirer profondément trois fois. Puis de compter mentalement de 10 jusqu'à 1... En arrivant au chiffre 1, je visualise la lettre A dans un cercle, flottant tranquillement devant mon regard intérieur... Je suis alors instantanément à mon *Niveau Aleph,* dans lequel je me trouve en ce moment même... J'y reste aussi longtemps que je le souhaite... Puis, pour en sortir, il me suffira de compter de 1 à 5 et, à 5, j'ouvrirai les yeux et je m'étirerai en me sentant en pleine forme et en parfaite santé. (*bis* pour tout ce paragraphe) Je vais utiliser cette méthode maintenant. »

- Faites-le : respirez trois fois, comptez de 10 à 1 et, à 1, visualisez le A dans son cercle, comme décrit ci-dessus.
- Restez ensuite encore un peu dans votre *Niveau Aleph,* puis, quand vous avez envie d'en sortir, comptez comme indiqué

ci-dessus. À 5, ouvrez les yeux et étirez-vous en ajoutant à haute voix cette fois-ci: «Je suis en pleine forme et en parfaite santé.»

Seconde partie

Ensuite, pendant une à deux semaines, et si possible une fois par jour, vérifiez l'efficacité du code:

- Isolez-vous, installez-vous confortablement (pas au lit), fermez les yeux.
- Utilisez uniquement le code (respirer trois fois, compter mentalement de 10 à 1 et, à 1, visualiser le A flottant dans un cercle) pour entrer dans votre *Niveau Aleph*. Vous devrez alors vous sentir parvenir rapidement à cet état de conscience. Si ce n'est pas encore au point, continuez encore un peu à vous adonner aux divers exercices de la première partie du processus.

Troisième étape

Voici enfin venu le moment d'entrer en contact avec votre Inconscient pour repérer le signal de réponse qu'il choisit de vous donner. Cette fois-ci, cet objectif peut être atteint dès la première tentative et en peu de minutes.

À quoi reconnaîtrez-vous ce signal? Au fait qu'il se révélera toujours être le même, qu'il apparaîtra de façon pertinente (c'est-à-dire quand vous dialoguerez avec votre Inconscient) et que vous ne le fabriquerez pas volontairement. Au début, il peut être très ténu: faites confiance à votre Inconscient, ne vous posez pas en esprit critique et n'affichez pas une attitude discourtoise[7]. Assumez même une part éventuelle de doute et répétez plusieurs fois les exercices

7. Votre Inconscient, c'est vous: alors faudrait-il être discourtois avec vous-même?

de cette troisième étape : vous verrez alors si le signal que vous avez repéré est le bon, et cela, même s'il reste relativement faible.

Voici la méthode à suivre :

- Isolez-vous, installez-vous confortablement (pas au lit), fermez les yeux.
- PARLEZ pendant que vous faites tout ce qui suit (ne vous contentez pas de le penser).
- Il y a sept étapes à respecter dans ce dialogue avec votre Inconscient. Choisissez vos propres termes à condition qu'ils restent *simples,* ou prenez ceux que je vous donne ici. Et souvenez-vous que vous garderez à vie les phrases des points 1, 2, 5, 6, 7 et que vous devrez les utiliser chaque fois que vous demanderez des ressources.
    1. *Saluez* votre Inconscient : « Bonjour mon Inconscient, je te salue. »
    2. *Faites-lui un petit compliment* : « Mon Inconscient, je suis heureux de savoir que je peux compter sur toi. »
    3. *Demandez-lui* : « Mon Inconscient, dis-moi si tu acceptes de dialoguer avec mon Conscient. »
    4. *Attendez la réponse* avec un peu de patience, car l'Inconscient ne répond pas du tac au tac. Il y a alors deux cas de figures possibles :
        a. Vous ne sentez aucune sensation (visuelle ou kinesthésique) qui change en vous. Alors revenez au point 3 et recommencez, car vous n'êtes pas assez concentré ou êtes hors de votre *Niveau Aleph.*
        b. Vous sentez quelque chose qui se modifie, soit sur le plan visuel soit quelque part dans votre corps, *même si c'est ténu.*

Quand vous pensez avoir entendu la réponse de votre Inconscient, vérifiez si c'est bien cela en disant : « Mon Inconscient, merci de m'avoir répondu avec [nommez le signal repéré, par exemple : cette tache jaune dans mon champ visuel, ou bien ce mouvement involontaire de mon index droit, ou toute autre chose...]. Il faut que je sois certain du sens de ta réponse. Si tu acceptes le dialogue, amplifie au moins un peu cette sensation [que vous renommez]. »

Attendez l'amplification. Quand elle arrive, même faible, même brève, *vous devez prendre cela pour une réponse positive*. Ensuite, passez au point 5 ci-après.

Par contre, s'il y a diminution, c'est que le signal perçu n'est peut-être pas la réponse de votre Inconscient. Dans ce cas, revenez au point 3 et recommencez.

Partez de l'idée que votre Inconscient sera toujours d'accord pour dialoguer avec vous. Il est même trop heureux de voir enfin s'ouvrir un canal de communication entre vous, ce qui veut dire entre votre Conscient et lui.

5. Quand vous avez repéré et vérifié le signal, *remerciez-le* : « Mon Inconscient, je te remercie d'avoir accepté de me répondre. »
6. *Refaites un petit compliment,* un peu différent de celui que vous avez formulé au point 2 : « Mon Inconscient, je suis heureux de savoir qu'avec ton aide je vais vers (le succès, la prospérité, la joie ou toute autre chose désirable pour vous). »
7. *Prenez congé et donnez-lui rendez-vous* pour plus tard, sans préciser quand : « Mon Inconscient, je prends congé à présent. Je reprendrai contact plus tard. »

- Ensuite, comptez de 1 à 5, comme à la fin du codage, et ouvrez les yeux, étirez-vous, « en pleine forme et en parfaite santé ».

Voilà, vous êtes maintenant, et pour la vie, en possession du moyen qui vous permet de vous autoprogrammer des ressources pour chaque moment où vous savez à l'avance que vous en aurez besoin.

Quatrième étape

Voici venu le moment de demander des ressources à votre Inconscient, ce qui vous prendra moins de cinq minutes chaque fois. Vous pouvez en demander lorsque vous prévoyez en avoir besoin à l'avance, *et pour des cibles précises*. La cible, c'est l'événement pour lequel vous aurez besoin de ces ressources. Imaginez par exemple que votre patron vous oblige à participer à un stage de formation à l'informatique et que, manifestation de technophobie oblige, vous vous sentez dans vos petits souliers rien qu'en y pensant (ou bien vous avez un entretien d'embauche ; ou bien vous devez animer une réunion ; ou encore, vous allez avoir une confrontation avec quelqu'un que vous redoutez).

Tout d'abord, vous devez définir *avec précision* les ressources dont vous avez besoin, par exemple : concentration, confiance en soi, facilité à apprendre. Vous devez aussi déterminer la cible, par exemple : ma journée de formation à l'informatique de jeudi prochain, à partir de huit heures.

Tout ceci étant défini, voici ce que vous devez faire ensuite :

- Isolez-vous, prenez une position confortable (pas au lit), fermez les yeux.
- Parlez pendant tout ce qui suit.
- Allez à votre *Niveau Aleph* avec le code.
- Entamez le dialogue avec votre Inconscient.

1. *Saluez*-le (cf. plus haut).
2. *Complimentez*-le (cf. plus haut).
3. *Demandez* (*surtout soyez précis !*) : « Mon Inconscient, dis-moi si tu acceptes de me donner une ferme concentration, une excellente confiance en moi et une grande facilité à apprendre pendant ma journée de formation à l'informatique, jeudi prochain, à partir de huit heures. Si tu acceptes, donne-moi [nommez clairement le signal de sa réponse que vous avez repéré à la troisième étape]. »
4. *Attendez la réponse* avec ces variantes possibles :
   a. Elle ne vient pas : refaites le point 3.
   b. Elle vient : passez au point 5.
   c. Elle vient, mais elle est vraiment très (trop) faible. Dans ce cas, dites : « Mon Inconscient, j'ai bien perçu ta réponse, mais je ne suis pas sûr de son sens. Si tu acceptes le dialogue, alors amplifie au moins un peu [nommez le signal], sinon diminue-le. » Mais attention, n'abusez pas de ces vérifications ! Il y a alors deux cas de figure possibles :
      c.1 La réponse est amplifiée : passez au point 5.
      c.2 La réponse est diminuée : vérifiez encore deux fois le point C ci-dessus. Si la réponse est vraiment diminuée, ce qui se produit très rarement, dites : « Mon Inconscient, je respecte ta décision. Je sais qu'elle n'est que provisoire. » Et passez au point 5.
5. *Remerciez* l'Inconscient (cf. plus haut).
6. *Recomplimentez*-le (cf. plus haut).
7. *Prenez congé et donnez rendez-vous* (cf. plus haut).

Voilà. C'est tout. Cela ne prend que quelques minutes quand c'est bien rodé, et c'est un antidote inestimable au stress et à la phobie, puisque disposer de ses meilleures ressources sur demande, c'est là une des plus puissantes techniques de développement de la personnalité qui existe ! Même si, pour la mettre en place, elle vous demande un peu de travail pendant quelques semaines, c'est un outil dont vous ne devriez pas vous priver.

Quelques autres informations utiles

Enfin, les quelques renseignements complémentaires qui suivent vous seront très utiles pour que la technique de l'autoprogrammation de ressources fonctionne à son niveau.

- Lorsque vous vous adressez à votre Inconscient, utilisez toujours un langage simple, des mots de tous les jours. Faites des phrases claires, *précises*. Ajoutez-y des qualificatifs exprimant des idées comme : intensité, facilité, plaisir, excellence.
- N'utilisez jamais de « ne pas » ! Formulez des ressources, pas des problèmes ! Par exemple, demandez du courage et ne demandez pas à ne pas avoir peur : ici, le « courage » est la solution et la « peur » le problème.
- Ne faites jamais de demande pour une cible qui dépasse une journée. Si, par exemple, vous avez trois jours de formation, limitez-vous à une séance par jour.
- Déterminez une seule cible par séance.
- Et attention, vous devez accepter le rythme suivant (votre Inconscient doit apprendre à vous donner des ressources) :
  — Pendant trois semaines, ne demandez qu'une seule ressource par séance ET par cible.
  — Puis, de trois semaines en trois semaines, augmentez d'une ressource par séance ET par cible.

— Ne demandez jamais plus de cinq ressources, quelle que soit la cible, et demandez-en seulement le nombre dont vous avez besoin, pas davantage.

- Variez vos demandes de manière que votre Inconscient n'apprenne pas seulement à vous donner toujours les mêmes ressources.
- Quant aux questions « où ? » « quand ? » « combien ? » :
  Où ? Vous pouvez pratiquer l'autoprogrammation n'importe où, à condition d'y être tranquille.
  Quand ? Vous pouvez faire une séance d'autoprogrammation quand vous voulez, à condition d'avoir vraiment besoin de ressources, même si ce n'est qu'un tout petit peu.
  Combien ? Vous pouvez utiliser l'autoprogrammation autant de fois que nécessaire, mais n'exagérez tout de même pas : personne n'a besoin de quantité de ressources tous les jours. Donc, la condition, toujours la même, est que vous en ayez réellement besoin, même si ce n'est qu'un peu. Cela signifie que vous ne devez pas faire appel à votre Inconscient rien que pour faire une séance. Soyez pertinent.
- Ayez toujours une attitude confiante et positive envers votre Inconscient, et il vous le rendra au centuple. Ne le testez pas, ne le critiquez pas, ne le houspillez pas. Ce serait stupide, puisque cela équivaut à vous houspiller vous-même !

Voilà, avec cette technique de l'autoprogrammation de ressources, vous disposez maintenant d'un merveilleux outil pour développer votre personnalité, pour être efficace et pour réussir dans vos entreprises et vos projets. Y compris celui de devenir un technomaître.

La visualisation

Vaincre... Eh bien, commencer par vaincre ses propres limitations est une excellente façon d'entamer le processus qui mène au succès. Alors, je vais vous offrir un moyen d'amplifier votre toute nouvelle détermination, et même, je l'espère, votre délicieuse expectative à développer votre aisance avec les machines qui vous faisaient stresser.

Tout ce qu'un être humain a réalisé a d'abord *préexisté en lui sous la forme de certaines représentations internes*. Notons que la phobie et les réactions de stress sont également connectées à des représentations internes. C'est donc à votre capacité de faire de telles représentations que nous allons faire appel, pour qu'ensuite vous concrétisiez ces représentations dans votre vie. C'est une opération un peu magique qui consiste à créer en soi des images qui deviendront par la suite réalité.

Par conséquent, je vais de nouveau vous emmener au cinéma pour que vous deveniez scénariste, metteur en scène, dialoguiste, éclairagiste et comédien pour la tranche de vie que vous voulez vous approprier et faire exister. C'est donc de votre créativité, de votre imagination que va dépendre la bonne exécution de cette technique. Notez bien que ce genre d'exercice entraîne aussi votre mental à voir les choses sous de nouveaux angles, ce qui ne peut manquer d'enrichir vos conceptions et vos points de vue.

Visualisez votre succès

Comme vous le savez, la visualisation est une technique qui consiste à créer des images dans son regard intérieur. Vous allez donc faire le film de votre bon fonctionnement, de votre efficacité et de votre maîtrise face aux machines qui vous angoissent. Je ne peux trop vous guider ici, parce que tout y est affaire de sensibilité personnelle, d'imagination, de désir et d'aspiration à des finalités précises, et toutes ces choses varient fortement d'une personne à l'autre.

Ainsi, vous ne ferez pas le même film si vous souhaitez vous servir d'un ordinateur familial pour gérer votre budget privé que si, jouant déjà d'un instrument acoustique, vous voulez vous mettre à composer dans un *home studio* en vous servant d'un gros PC, de synthétiseurs et autres échantillonneurs[8]. Vous ne créerez pas le même scénario si vous aspirez à jouer avec des inconnus à des jeux vidéo dans Internet que si vous visez à atteindre le poste qui va se libérer dans votre entreprise, et qui nécessite absolument la manipulation de telle ou telle machine, objet de votre technophobie. Ou si vous devez réussir cette formation où la connaissance de l'utilisation de tel engin électronique s'impose.

En tout cas, ce film que vous allez vous créer, les yeux fermés, doit durer environ deux ou trois minutes, pas plus, pour maintenir votre niveau de concentration. Vous vous y voyez dans la situation désirée, utilisant la machine autrefois redoutée, très à l'aise, calme et maître de vous-même, souriant, ni technostressé, et encore moins technophobe ! Arrangez-vous pour que le film exprime bien tout cela, par votre attitude, vos gestes et vos expressions. L'environnement (salon, bureau, atelier) doit comporter des éléments de décors qui soient reconnaissables. Si toutefois cet environnement vous est inconnu, inventez-le de façon réaliste. Par exemple, dans le cas d'un test à passer, fabriquez une salle d'études traditionnelle.

Vous devez être dissocié de vous-même, c'est-à-dire vous voir de l'extérieur.

---

8. Échantillonneur : c'est un appareil électronique qui enregistre et qui traite des extraits musicaux, et des échantillons sonores de manière numérique.

Une fois que vous aurez créé votre film, revoyez-le mentalement en y ajoutant de la clarté, de la luminosité et des couleurs sympathiques, ce qui implique qu'il ne comporte pas de noir et blanc ou d'ambiances sombres et ternes. Il faut que votre film vous plaise esthétiquement et que vous le trouviez agréable à visionner.

Cela étant fait, vous voilà prêt à commencer à vous implanter ce message. Voici la méthode à suivre.

- Isolez-vous. Prenez une position confortable. Fermez les yeux.
- Visualisez l'ensemble du film, éventuellement en l'enrichissant encore de contenus positifs si l'inspiration vous vient alors. Faites cela tranquillement en restant bien concentré.
- Quand c'est fini, ouvrez les yeux et concentrez-vous pendant environ 30 secondes sur un élément de votre environnement.
- Recommencez la même chose trois fois d'affilée.
- Ensuite, faites la même chose en étant associé cette fois-ci à vous-même dans ce film. Répétez cela quatre fois successivement.
- Puis, vaquez à vos autres occupations.

Réitérez cet ensemble d'exercices de temps à autre, quand vous avez un moment à vous, de manière à renforcer progressivement le message. Vous affermirez ainsi la conviction de tout votre être quant à la concrétisation rapide de ce genre de situation dans votre vie, en termes de capacités, d'aptitudes, de talents à vous montrer au « top niveau » face à la machine.

CONCLUSION

Ne vous trompez pas d'ennemi !

Dans une visée moins *thérapie antitechnophobie et antitechnostress,* il me reste maintenant encore quelques mots à vous dire. Sachez qu'en vous réconciliant avec les NTIC, vous pourrez, à votre niveau, participer à un possible contre-pouvoir (pour le cas où les choses risqueraient de se gâter).

Biologiquement, l'homme n'a pas changé depuis quelque 100 000 ans : il est aujourd'hui identique à ce qu'il était alors. Au fil de tous ces millénaires et jusqu'à il y a peu de temps, il a vécu, travaillé, mangé sans modifier profondément son milieu de vie, la nature, ce que nous avons coutume d'appeler « l'environnement ». En d'autres termes, l'homme avait, certes, défriché des terres, construit des canaux, des routes et des villes, mais de la Grèce antique à 1850, il n'avait jamais fondamentalement changé le monde. Même s'il y a eu des innovations techniques et intellectuelles au cours des trois derniers millénaires, jusqu'au milieu du XIXe siècle, ces nouveautés se sont succédé *avec l'accord du temps,* c'est-à-dire à un rythme lent, ce qui leur permettait d'être « digérées » progressivement par les gens et de s'intégrer tout aussi graduellement à leur culture. Toutefois, depuis 1850 environ, le rythme des découvertes scientifiques et technologiques s'est accéléré de plus en plus et, depuis 1960, c'est en rafale que surviennent les nouveautés. Ce qui, autrefois, se produisait en cent ans nous saute aujourd'hui au visage en un ou deux ans à peine. Alors comment suivre ?

Ce qui est également évident, c'est qu'au cours des cent dernières années, l'homme a fait plus de découvertes et d'inventions que pendant les cent siècles précédents, et il a également modifié de plus en plus profondément son milieu naturel. Il a en effet créé de gigantesques agglomérations, une infrastructure routière parcellisant le paysage, une agriculture de masse et un élevage intensif contaminant le sol et les nappes phréatiques, une industrie impliquant sa contrepartie de poisons divers sous la forme de pollution de l'air et de l'eau. Il a rasé des forêts, mis en danger le plancton marin, qui est, avec la végétation terrestre à chlorophylle, l'usine à fabriquer l'oxygène de la Terre. L'écosystème change aujourd'hui plus vite qu'il ne l'a fait pendant des millions d'années[1].

Eh bien, c'est cela, le mode de fonctionnement actuel de l'Occident, lequel se mondialise à grande vitesse. Faut-il vous en affliger ? Je ne le crois pas. S'en affliger n'est pas constructif. Faut-il pratiquer l'évitement et ignorer les outils de notre temps, c'est-à-dire refuser d'être dans le système et espérer qu'il ne vous rattrapera pas ? Voilà qui présage l'échec à coup sûr. Tout d'abord parce que le système est partout, vous concerne déjà et vous environne complètement. Ensuite parce que vous feriez partie des « vieux » (pas dans le sens positif du terme : des sages !), des dépassés, de ceux qui voudraient prendre la diligence dans un monde qui connaît désormais la navette spatiale.

1. Toutes glaciations mises à part, qui n'ont fait que déplacer les zones froides sans modifier profondément les conditions naturelles de la biosphère.

Se battre ?

Faudrait-il alors vous battre de toutes vos forces contre cette évolution des choses, au bénéfice d'un monde rêvé, idéalisé, qui n'a jamais existé ni n'existera jamais ? Se battre, voilà qui est plus constructif. Oui, mais pas pour une illusion ! Et même, en dehors du fait que le but d'un tel combat est utopique, quel réel pouvoir avez-vous ou ai-je, moi, pour changer les choses vite, bien et efficacement ? Aucun.

Bien sûr, certains diraient que je baisse bien vite les bras. Ce n'est toutefois pas le cas. Évoquons ici une histoire de l'Antiquité que tout le monde connaît et qui est pleine d'enseignements, une histoire dont les enseignements me conduisent à dire : « Se battre, oui, mais comme Ulysse. »

Après dix interminables années de siège, la ville de Troie se révélant imprenable, les Grecs, suivant les intelligents conseils d'Ulysse, décident d'un stratagème pour en finir enfin. Ils fabriquent un immense cheval qui contiendra les plus vaillants de leurs guerriers et font mine d'abandonner le combat. Les Troyens pensent alors que cette effigie est une offrande des Grecs aux dieux, destinée à appeler la protection de ces derniers pendant leur voyage de retour. Ils font entrer l'immense cheval de bois dans les murs de leur cité, font la fête et s'endorment. Mais à la nuit noire, les guerriers grecs sortent des flancs de la statue équine, massacrent les veilleurs et ouvrent les portes de la cité à l'armée grecque revenue. Fin de Troie !

En d'autres termes, quand l'opposition est impossible, il vaut mieux agir du dedans que du dehors pour remporter la victoire. Voilà la leçon que nous apprend cette légende immortalisée par Homère.

Donc, si vous avez peur des machines, peur du monde technologique en marche, ne vous y opposez pas : entrez dedans ! Car c'est de l'intérieur que vous saurez le mieux vous protéger, si danger il y avait.

Il est impossible de figer la vie

Vous l'avez bien compris, je ne préconise pas l'action *guerrière* pour contrer l'évolution prévisible de notre société, et encore moins la politique de l'autruche ! Mais je préconise de poser un certain nombre de gestes : s'informer et se rendre habile à utiliser les outils de l'information, parce que, de plus en plus, *savoir équivaut à pouvoir*. Je préconise l'adaptation et le changement, parce que c'est cela, la vie : elle est mobile — le contraire de l'immobilité —, elle est vivante — le contraire de la mort.

En fait, dans les sciences de pointe d'aujourd'hui, on en est venu à constater que rien n'est durablement statique : tout état statique ne peut être que transitoire ou lié à la mort. La vie, elle, est faite de changements permanents et, même, tout ce qui bouge sans être nommément lié à notre notion de ce qu'est la vie, les continents, les montagnes, les planètes, les astres, les systèmes stellaires, les galaxies, rien de tout cela ne reste dans un état statique. Et c'est évidemment aussi le cas pour l'homme et les sociétés humaines.

En fait, l'homme et les sociétés humaines sont ce qu'on appelle des systèmes ouverts. Ils interagissent avec tout et tous ceux qui les entourent, et ils négocient en permanence avec l'environnement, dans le sens étroit et large du terme. Chacun vit avec des proches et dans un contexte social, matériel, climatique, politique, etc., qui lui imposent des contraintes, lui offrent des possibilités, l'obligent à agir pour sa subsistance et, ce faisant, le modifient, lui-même modifiant alors en retour, de quelque manière, ces contextes. Et cetera.

> *L'idée d'un monde en non-équilibre permanent est très difficile à saisir. Pourtant on la retrouve à tous les niveaux. De l'univers à la particule. Mais aussi de la cellule de vie aux sociétés humaines.*
>
> Ilya Prigogine, Prix Nobel de chimie

Ce n'est donc pas ce qui est figé qui règle le monde, mais le mouvement, le changement. Alors on peut se poser cette question : sur le plan humain, comment passe-t-on à une nouvelle phase de changement ? Cela se produit lorsque les contraintes imposées par l'environnement arrivent à un point critique. C'est alors que l'état ancien devient caduc et que s'opère la transition vers l'état nouveau nécessité par les événements. Après parfois de grandes convulsions, une phase de stabilité se met plus ou moins longtemps en place avant que se produise un nouveau changement.

Donc, rien n'est jamais acquis, il faut rester en permanence apte au changement — car seul ce qui est mort ne change pas —, apte à s'adapter. L'adaptation, c'est toujours le passage réussi d'un état du passé à un état du présent.

Nous traversons aujourd'hui une étape de grands changements. Les remarquables avancées des savoirs et des techniques des quarante dernières années dépassent en qualité, en quantité et en spectaculaire toutes celles qui ont précédé pendant 100 000 ans. Les NTIC en sont la grande clé, parce qu'elles ouvrent les serrures de tous les domaines concernant nos vies, aussi bien en tant qu'individu qu'en tant qu'homme dans la cité, dans la société, dans la population, dans l'humanité, dans la biosphère.

Ne vous trompez pas d'adversaire

Par ailleurs, lorsqu'il est question de machines et de NTIC, il importe de ne pas se tromper d'adversaires et de ne pas les accuser de tous les maux. En effet :

- Ce ne sont pas les machines qui sont responsables des déprédations que l'homme impose à la nature. Ne nous y trompons pas. Si la machine laboure mal le champ, seul l'homme qui lui a donné l'ordre de procéder ainsi en est fautif. Et si le mal est fait, seul l'homme peut corriger cette erreur et ses conséquences.

- Ce ne sont pas les machines qui sont responsables des marasmes économiques et du chômage. C'est à l'homme de créer des modèles économiques et sociaux qui tiennent la route, et qui permettent à tous de vivre au mieux. Et si cela ne se produit pas, n'incriminons pas les machines, mais cherchons plutôt à réformer la société, à reformuler et à concrétiser de nouvelles valeurs et de nouveaux idéaux. Bien trop souvent, les beaux discours et les belles idées restent lettre morte dans la bouche de ceux qui décident pour nous, et que, dans nos sociétés démocratiques, nous élisons pourtant pour nous amener à bien vivre !
- Ce ne sont pas les machines qui empêcheraient la venue d'une sorte d'âge positif où les humains auraient moins besoin de travailler qu'aujourd'hui, tout en vivant plus agréablement et dans le confort. Car ces esclaves électroniques pourraient remplir nombre de tâches et produire nombre de choses à redistribuer à la population. Ce sont les hommes qui ne semblent pas parvenir à accepter l'idée d'un partage équitable des richesses créées par les machines. Alors, de qui faut-il avoir le plus peur ? Des machines, ou de l'égoïsme humain ?
- Ce ne sont pas les machines qui décident de déclarer la guerre ou de vivre en paix : les hommes ont toujours fait cela tout seuls et ils continueront de le faire.
- Ce ne sont pas les machines qui décident qui aura du travail et qui n'en aura pas. Ce sont les individus, à travers leurs capacités, talents et savoir-faire, qui font la différence.
- Ce ne sont pas les machines qui décident si VOUS aurez du travail et de l'argent, ou pas. Mais c'est vous-même, en tant qu'être pensant, pourvu du plus puissant cerveau existant dans

l'ensemble du vivant, qui êtes en mesure de vous donner tous les moyens de réussir et de magnifier votre vie. Vous pouvez y parvenir avec l'aide des machines. Mais si vous restez technophobe et réfractaire à leur endroit, incapable de vous en faire obéir, vous n'atteindrez sans doute pas ces objectifs.

- Ce ne sont pas les machines qui peuvent soumettre le monde et l'humanité, parce qu'elles n'en ont pas le fantasme ni l'ambition. À quoi cela leur servirait-il donc ? Elles n'ont pas d'avidité ni d'instinct de puissance ou de domination. Elles ne trouvent aucun intérêt à l'argent (qu'est-ce qu'elles pourraient bien s'acheter avec de l'argent ?) ou à la possession de biens. Elles ne sont ni jouisseuses, ni sadiques, ni méchantes, ni bonnes, ni compatissantes, ni agressives, ni coléreuses, ni ambitieuses, ni avares, ni gentilles, ni tendres, ni amoureuses, ni intuitives, ni revanchardes, ni vindicatives, ni sensuelles, ni compulsives, ni corruptibles. Toutes ces caractéristiques sont humaines, seulement humaines. Les machines n'ont pas d'émotions, elles fonctionnent juste sur la base de programmes logiques. Tout le reste, vous le savez maintenant, est fantasmagorie, littérature fantastique et de science-fiction, projection des défauts humains sur les machines.

En fait, d'elles-mêmes, les machines ne nous feront jamais la guerre, ne nous vaincront jamais, sauf dans le cadre de quelques créations écrites, dessinées ou cinématographiques.

Dissiper l'écran de fumée

Il est évidemment plus simple d'interposer un écran de fumée entre les vraies causes des problèmes et les fausses. Pour déterminer les véritables causes, il faut chercher du côté de la mentalité de l'homme, si vite soumis aux pulsions et à l'avidité.

Alors, ne vous trompez pas sur les raisons qui génèrent des problèmes d'emploi, ou ceux de la société, voire de l'humanité. Car, si le monde doit devenir plus beau, plus sain, plus agréable à vivre, c'est aux hommes de le penser ainsi, de le créer ainsi et de façonner les événements ainsi. Mais le feront-ils ? Et quand le feront-ils ? Ces questions restent ouvertes.

En tout cas, en devenant technofamilier, vous pourrez mieux agir à votre niveau, pour contribuer à mettre de l'avant ce genre de message. En utilisant avec aisance les NTIC, ces instruments dont se servent les puissants de ce monde (et, s'ils s'en servent, c'est que ce sont d'excellents outils pour asseoir leur pouvoir et faire fructifier leur argent), vous pourrez peut-être contribuer à faire naître, si cela devenait nécessaire, une sorte de contre-pouvoir. En effet, en échangeant de l'information, quantité d'internautes pourraient par exemple boycotter efficacement des produits, peser d'un poids considérable sur certaines décisions, gripper certaines mécaniques politiques.

Peut-être vous dites-vous en ce moment que, s'il est possible de réussir cela à des fins positives, il est également possible de le réussir à des fins négatives ? C'est juste. Les horreurs collectives qui marquent l'histoire (guerres et conflits, populations affamées) ont toujours été décidées par quelques humains en position de force, pas par la population globale. Car ce n'est jamais le peuple qui veut la guerre, c'est le roi. On peut donc raisonnablement penser que le peuple, s'il dispose des moyens de le faire, contrebalancerait efficacement les décisions du roi. Cela s'est déjà vu. La Révolution française, prélude aux actuelles démocraties, en est un exemple (et nous devrions pouvoir y arriver aussi de nos jours de façon plus pacifique).

Alors, si le monde vous paraît potentiellement redoutable, armez-vous, non pas de fusils et de canons, mais d'intelligence et de ces outils de savoir et de communication que sont, aujourd'hui, et seront, demain, les machines modernes des NTIC[2].

Permettez-moi de vous le souhaiter, pour votre grandeur, pour votre pouvoir et pour votre… liberté.

À vous de choisir

À vous, donc, de choisir. Avec ce livre, vous avez maintenant en main un outil qui vous ouvre les portes de la compréhension et qui vous dote de bien plus de connaissances sur les avantages que vous offre la fréquentation aisée des machines des NTIC. Vous disposez également de nombre de moyens nécessaires, étonnants et néanmoins faciles à mettre en œuvre pour éliminer ces réactions limitatives que sont la technophobie et le technostress, et pour que vous passiez le cap, réussissiez vite et bien votre saut dans le XXIe siècle. Utilisez-les. Entrez à présent de plain-pied dans votre nouvelle vie, avec à l'intérieur de votre maison même une ouverture sur le monde entier grâce à Internet et à la libre disponibilité, à peu de frais, de nombreux corps de métiers : professeurs, encyclopédistes ou géographes pour vos enfants, secrétaires, graphistes, vidéastes, imprimeurs pour vos affaires, et beaucoup d'autres encore, pour votre plaisir.

Techno-angoissé ou technomaître ? « Technoflippé » ou technodirigeant ? Freinant des quatre fers ou allant de l'avant ? À petits outils ou riche de possibilités ? À vous de choisir.

2. Il me semble important de le préciser ici : je ne vends pas d'ordinateurs ni ne suis inféodé à quelque fabricant ou marque que ce soit. Ce n'est pas pour ce genre de raison que j'ai écrit ce livre, mais parce que je pense vraiment que la vie est plus facile quand on est aidé que quand on est tout seul, que l'on est plus efficace quand on a de bons outils que quand on en manque, que l'on est plus heureux quand on dispose de grands moyens d'action que quand on est limité et dépendant. Ne pas être technostressé ni technophobe, mais vivre plus facilement, être plus efficace et plus heureux, voilà ce que je veux pour vous, et c'est le but de cet ouvrage.

À la place des palpitations cardiaques du technostress et de la phobie des machines, je souhaite vraiment être parvenu à vous communiquer une solide envie d'apprendre à vous en servir et *à vous en faire servir,* et ce, le plus vite possible. J'aurais ainsi atteint l'objectif que je me suis fixé en entamant la rédaction de ce livre. Alors, permettez-moi encore quelques derniers conseils qui vous seront certainement très utiles au moment, imminent, où vous « vous y mettrez ».

- Soyez curieux : la curiosité n'est *pas du tout* un vilain défaut !
- Mettez les mains sur le clavier ou sur la télécommande, si l'engin n'est pas un ordinateur. Tâtez-le, caressez-le. Tapotez, regardez le résultat, corrigez s'il y a lieu. Le contact physique, il n'y a rien de tel pour faire connaissance.
- Mettez le nez dans le manuel d'instructions de la machine. À défaut d'être un chef-d'œuvre de beau langage, il contient nombre de renseignements et d'astuces pour, en cas de problème, vous sortir d'affaire dans la plupart des cas. De plus, il vous apprendra à mieux comprendre votre ordinateur et autres machines.
- N'ayez pas peur de faire des bêtises. D'une part, elles sont inévitables, d'autre part, elles sont pratiquement toujours réparables. De plus, quand cela arrive, on se met à la recherche de solutions, ce qui est le meilleur moyen pour en trouver. Vous n'imaginez pas le nombre de ces bêtises que j'ai pu commettre !
- Ne vous évanouissez pas quand vous voyez un message apparemment dramatique apparaître sur l'écran, du genre : *Erreur fatale*. Cela me fait penser à notre amie Sophie qui, prise de panique quand cela lui arrivait, me téléphonait dans un état d'affolement avancé et à qui quelques explications verbales suffisaient pour qu'elle puisse résoudre le problème. Et puis, tout le monde a plus ou moins un ami ou une connaissance qui « touche », c'est-à-dire qui aime les machines et autres ordinateurs, et s'en sert

bien. Vous aussi certainement. Cherchez, et quand vous aurez trouvé, n'hésitez pas à exploiter un peu son savoir. Les passionnés des machines adorent y convertir autrui et ainsi prouver, c'est humain, qu'ils sont des petits génies.

- N'hésitez pas non plus à vous former. Pour des objectifs courants, il n'est pas besoin de formations plus ou moins onéreuses, car il existe tout un ensemble d'ouvrages, faciles et accessibles à chacun, pour ceux qui ont envie de toucher à leur tour, donc de devenir maîtres ès machines. Vous trouverez certains de ces titres dans la bibliographie de ce livre.
- Devenez passionné. Vous vous mettrez à penser autrement, de manière plus ouverte, plus féconde, plus enthousiaste.
- Soyez aussi joueur. Prenez au sérieux ce qui nécessite vraiment d'être pris au sérieux, mais rien d'autre. J'ai pour devise : « La vie est un jeu et je joue pour gagner ». Adoptez, vous aussi, cet adage : le monde s'offrira à vous et vous y gagnerez.

Je conclurai ce livre en ces termes : avec les machines pour *serviteurs,* vous allez vous découvrir de nouveaux talents auxquels vous n'aviez même jamais pensé. De nouvelles envies créatives, de nouvelles perspectives qui vous échappaient jusque-là vont vous apparaître. De nouvelles idées vont germer en vous, des aspects inédits de vos capacités vont vous étonner. Je peux vous l'affirmer, j'en suis totalement certain, parce que j'ai vu de nombreuses fois de telles métamorphoses se produire chez des ex-réfractaires aux machines, ex-technostressés, ex-technophobes.

Il vous suffit de prendre le pouvoir,
d'apprendre à l'utiliser et
d'enfin vous offrir ces richesses…

ANNEXE 1

PMI sur les thèmes « Je vais devoir apprendre à utiliser l'ordinateur » et « Souffrir de technophobie » : tableaux J, K, L et M

TABLEAU J

JE VAIS DEVOIR APPRENDRE À UTILISER L'ORDINATEUR

P: **le Plus (les aspects positifs) :**

- Me donner de nouveaux moyens pour réaliser beaucoup de choses : courrier, budget, jeux, dessins, etc. Améliorer mon bagage.
- Avoir un accès facile et rapide à toutes sortes d'informations, de renseignements.
- M'habituer à de nouvelles façons de faire au lieu de rester à fonctionner avec les vieilles méthodes.
- Me prouver que je suis capable d'apprendre encore.
- Vaincre une limitation.
- Découvrir des choses nouvelles.
- Enrichir ma façon de penser.
- Être de mon temps.
- Rattraper du temps perdu.
- Pouvoir en discuter avec les amis qui s'y sont déjà mis, échanger des idées, des façons de faire.
- Avoir cet atout en plus au niveau professionnel.
- Rabattre le caquet d'Y, qui me traite de haut parce que j'ai toujours battu en retraite devant l'ordinateur.

TABLEAU K

JE VAIS DEVOIR APPRENDRE À UTILISER L'ORDINATEUR

M : **le Moins (les aspects négatifs) :**

- Cela me prend de mon temps pour me familiariser avec l'ordinateur. Il faut que je me batte contre mon inertie, ma paresse, ma résistance, ma phobie, ma peur de ne pas y arriver.
- Il faut que je renonce à mon discours anti-informatique et à tous les « bons » arguments, à toutes les « bonnes » raisons que je (me) donnais pour justifier mon refus d'apprendre à utiliser un ordinateur.
- Cela prend du temps : peut-être que je resterai beaucoup trop d'heures devant la machine lorsque je saurai l'utiliser.
- Il est possible que ceux qui ne savent pas s'en servir viennent me demander de leur rendre des services avec l'ordinateur (famille, amis, etc.).
- J'aurai peut-être moins droit à l'erreur ou au « bâclage » que maintenant : on risque d'être plus exigeant avec moi (patron, proches).
- Il faut que j'apprenne quelque chose de nouveau, et je doute de mes capacités pour y parvenir.
- Je ne peux plus demander à mes proches qui utilisent déjà l'ordinateur de me rendre des services (me taper mon courrier ou autres services).
- Il faut que je force mon cerveau à acquérir de nouvelles façons d'opérer.

TABLEAU L

JE VAIS DEVOIR APPRENDRE À UTILISER L'ORDINATEUR

I: **il serait intéressant de voir :**

- Qui est jaloux ou se sent dévalorisé par ma victoire sur la technophobie ;
- Qui prend peur que je lui prenne de son prestige/travail/admiration d'autrui ;
- Qui manœuvre pour me maintenir dans cette limitation ;
- Qui m'aide dans cet apprentissage ;
- Qui vient me demander des informations ou du travail sur mon ordinateur ;
- Si cela me donne envie de créer des trucs originaux avec la machine (dessins, musiques, documents, etc.) ;
- Si cela me valorise dans mon regard sur moi-même ;
- Si cela me valorise dans le regard des autres ;
- Si cela augmente mes moyens de gagner de l'argent ;
- Si j'utilise beaucoup de temps à jouer à des jeux vidéo ;
- Si cela m'amène à me « ruiner » en logiciels ou en jeux ;
- Si cela m'amène de nouveaux contacts humains ;
- Si je fais plus que du traitement de texte avec l'ordinateur ;
- Dans quelle mesure cela a un effet sur ma confiance en moi en général.

TABLEAU M

SOUFFRIR DE TECHNOPHOBIE

P : **le Plus (les aspects positifs) :**

- Cela me permet de me faire aider par les autres : on s'occupe de moi.
- Je ne risque pas de me tromper dans l'utilisation des machines si je n'y touche pas.
- Cela m'oblige à utiliser d'autres moyens que les machines pour parvenir à mes buts.
- Cela m'évite de me mettre au défi d'y arriver.
- C'est une bonne excuse pour ne pas m'y mettre.
- Cela m'évite de courir le risque d'échouer dans l'apprentissage de l'utilisation des machines.

M : **le Moins (les aspects négatifs) :**

- Je ne suis pas autonome.
- Cela me laisse tributaire de la bonne volonté d'autrui.
- Je me juge incapable dans ce domaine : l'estime de soi, la confiance en moi et en mes capacités en prennent un coup.
- Je passe à côté de nombreuses possibilités.
- Je passe pour quelqu'un d'incapable sur ce plan.
- Compter sur les autres me diminue à leurs yeux et aux miens.

I : **il serait intéressant de voir :**

- Qui me vient en aide avec le plus de bonne volonté ;
- Qui me vient en aide avec le moins de bonne volonté ;
- Qui essaye de me convaincre de dépasser la technophobie ;
- Qui m'aide à la dépasser ;
- Qui manœuvre pour me maintenir dans la technophobie ;
- Si je parviens vraiment à me faire aider à tous coups par compassion pour ma technophobie ;
- Dans quelle mesure ce problème diminue mon estime de moi, ma confiance en moi par rapport à d'autres domaines que l'informatique ;
- D'analyser comment je fais face à mes besoins sans utiliser un ordinateur.

ANNEXE 2

Et si nous prêtions un peu de notre âme aux machines

En lisant cette seconde annexe, vous constaterez que l'être humain peut aussi avoir des pouvoirs ô combien étranges et inattendus sur les machines, et que cela fait partie des interrogations scientifiques qui sont le propre des temps futurs. Je désire donc évoquer ici un aspect intéressant de l'association entre l'homme et la machine, et vous faire part de l'existence de travaux scientifiques qui ont mis au jour une caractéristique inattendue du pouvoir de l'homme sur la machine : celui-ci influencerait cette dernière.

Tu me croiras si tu veux

La plupart des utilisateurs d'ordinateurs que je connais, tous à vrai dire, ne semblent guère avoir de doutes à ce sujet et paraissent accorder une personnalité à leur machine (moi-même, je dois l'avouer), comme en témoignent ces quelques phrases couramment formulées par les utilisateurs à l'endroit de leur ordinateur :

— « Il » ne veut pas faire ça !

— « Il » m'énerve !

— « Il » a encore planté !

— Pourquoi est-ce qu'« il » me fait encore ça ?

— « Il » a un talent pour réussir cela !

— « Il » m'aide vraiment dans ce travail.

— « Il » est plus fidèle que mon mari !

Des utilisateurs m'ont également raconté d'étranges histoires. C'est le cas de Michel (formateur) :

— Tu me croiras si tu veux, mais mon précédent micro-ordinateur refusait d'accepter le nom de ma femme. J'ai tout essayé pour le mettre dans son dictionnaire, mais cela n'a jamais marché.

— Ah ?

— Je sais pourquoi. Dès qu'il est arrivé à la maison et qu'il a été branché, ma femme a dit quelque chose d'antipathique à son égard. Je ne sais plus ce que c'est, quelque chose du genre : « Encore un de ces trucs monstrueux sur lequel tu vas passer des heures à pianoter ! »

— Mais ce n'est pas possible, cette machine n'a pas d'orgueil ou d'*ego* ! Tu as dû faire des erreurs de manipulation en entrant ce prénom.

— C'est aussi ce que je me suis dit au début. Mais au bout du compte, il n'a jamais accepté ce prénom, malgré toutes mes tentatives. C'est fou de le penser, mais je crois qu'il n'aimait pas ma femme.

Ou encore de Caroline (doctorante en histoire des religions) :

— J'ai appelé mon ordinateur Wotan, parce que la puce du « bios » qu'il contient portait une plaque avec ce nom. Et, à un certain moment, j'ai fait un travail pour la faculté sur Loki[1]. Tu me croiras si tu veux, mais à quatre reprises successives, ma machine m'a effacé le passage où je décrivais la façon dont Loki a enclenché le crépuscule des dieux, et donc la fin de Wotan. Je veux bien admettre que j'ai fait une erreur de manipulation deux fois, ou même trois fois. Mais pas

1. Une des divinités de la mythologie germano-scandinave, ennemie de Wotan.

quatre fois ! Pour en terminer, j'ai fini le travail sur l'ordinateur d'un copain, et là, tout s'est bien passé, et du premier coup.

— Et comment expliques-tu cela ?

— Écoute, je ne sais pas. Mais bon, dans la mythologie germanique, Loki était quand même bien l'ennemi des dieux du Walhalla.

— Mais enfin, ton ordinateur n'a rien à voir avec des dieux !

— Non... Peut-être pas. Mais je trouve que c'est une drôle de coïncidence.

« Tu me croiras si tu veux. » Cette formule apparaît souvent dans de tels cas, lorsque l'utilisateur est confronté à des étrangetés dans le mode de fonctionnement de sa machine.

Finalement, qu'en est-il vraiment ?

> *Nous essayons vraiment de savoir, très prosaïquement, si cet ingrédient, l'esprit humain, doit devenir un paramètre dans la conception, le fonctionnement et l'interprétation de matériel micro-électronique moderne. (...) : étudier le rôle actif de l'homme dans le fonctionnement du binôme homme/machine, cela ouvre des horizons passionnants.*
>
> Robert Jahn, Doyen de l'université de Princeton

La réalité, c'est que des étrangetés existent en effet. Dans les laboratoires de recherches et dans des entreprises américaines de haut niveau technologique, les différents ordinateurs sont à la disposition de divers utilisateurs, qui se mettent à leurs claviers selon les besoins du moment et le lieu où ils se trouvent. Il est de notoriété publique que, parfois, une des machines « plante » continuellement avec un des utilisateurs, alors qu'elle fonctionne parfaitement bien avec tous les autres. Maladresses systématiques ? Il ne peut en être question.

Ces gens sont tous compétents, sinon ils n'occuperaient pas ce genre de postes, qui exigent des compétences scientifiques et informatiques. De plus, ce même utilisateur qui rencontre des difficultés avec un des ordinateurs n'a aucun problème avec les autres appareils. Coïncidence ? Peut-être. Mais quelle constance dans la coïncidence ! La probabilité est trop infime pour que cela en soit véritablement une.

Alors, que penser ? On n'en sait rien, et pour le moment, on ne peut que constater ce genre de faits, lesquels sont rapportés non pas par des esprits crédules ou arriérés, mais par des personnes d'un excellent niveau d'études.

Néanmoins, il existe tout de même quelques hypothèses en relation avec cette question.

À l'université de Princeton

Depuis le milieu des années 1970, un groupe de chercheurs rattachés à la prestigieuse université américaine de Princeton étudie certaines anomalies statistiques dans le cadre de recherches en ingénierie et en sciences appliquées. D'ailleurs, le nom du département est : Laboratoire des Anomalies. Leurs recherches ont pour objet de voir si le psychomental humain peut avoir un effet sur le fonctionnement des appareils électroniques.

Il est ici question, ni plus ni moins, de parapsychologie. Mais, contrairement aux expériences faites dans des laboratoires de parapsychologie, dans ce Laboratoire des Anomalies ce ne sont pas de réelles ou supposées facultés parapsychologiques de médiums et autres personnes « psi » qui sont sur la sellette, mais celles de gens ordinaires qui ne revendiquent aucun pouvoir particulier. Il s'agit d'étudiants et de scientifiques, de visiteurs de passage, de journalistes venant s'informer, de collègues, de membres de leur famille ou d'amis. N'importe qui, en somme.

Plus particulièrement, le programme de recherches étudie la question suivante : des engins électroniques peuvent-ils manifester une réceptivité à la volonté, aux intentions ou à la personnalité des opérateurs qui les manipulent ? Quel est le rôle de la conscience humaine dans la création (non pas l'observation, mais *la création*) d'une réalité ? Comme vous allez le constater, ces questions n'ont rien de futile.

Le protocole d'expérience

Voici comment ces chercheurs procèdent :

- Soit une machine électronique générant aléatoirement (c'est-à-dire totalement au hasard) des chiffres entre 0 et 20, ou bien allumant de la même façon des lampes rouges et vertes. La probabilité statistique pour que s'affichent les lampes rouges ou les chiffres entre 0 et 10 est strictement la même que pour le contraire. C'est un peu comme si la machine jouait à pile ou face, où, là aussi, sur un grand nombre de jets, la probabilité est que le nombre de pile et de face constaté s'équilibre à 50 % chacun.
- L'opérateur humain (n'importe qui) appuie sur le bouton, enclenchant la machine après avoir annoncé s'il souhaitait que le vert ou les chiffres entre 10 et 20 sortent en plus grand ou en plus petit nombre. S'il ne choisit aucune des deux possibilités, il laisse l'appareil fonctionner « naturellement », sans interférer.
- La machine s'enclenche et, sur un grand nombre de tests, on constate qu'il y a un écart significatif *et reproductible* entre les résultats obtenus et la probabilité de 50 % qui confirme le hasard. Ce résultat ne peut donc pas être lié au hasard, mais à un facteur que l'on ne peut que relier aux « souhaits » exprimés par les opérateurs avant que la machine ne se mette en route.

- Depuis ces deux dernières décennies, le Laboratoire des Anomalies[2] a ramassé une masse énorme de données irréfutables, prouvant que les individus « normaux » peuvent influencer des machines. À ce jour, personne n'est parvenu à les réfuter, et pourtant certains adversaires de ces recherches ne se sont pas privés d'essayer ! La démonstration de cet « effet psi » est largement faite. Oui, d'une manière ou d'une autre, la volonté, le désir ou les intentions, conscientes ou inconscientes, des humains sont aptes à manipuler ces générateurs de hasard microélectroniques, à avoir une action sur leur fonctionnement.

Cette démonstration de l'« effet psi » étant ainsi établie, le but des scientifiques du projet est à présent de chercher à comprendre le processus, pour tenter de préciser quels facteurs sont en jeu.

Deux aspects importants ont pu être déjà mis au jour par ces chercheurs :

- Il y a de grandes différences de résultats en fonction des opérateurs, ce qui permet de soutenir l'idée que certains opérateurs auraient plus de capacités à influer sur le fonctionnement des appareils.
- Plus troublant encore, les résultats par opérateur varient assez peu selon le type de machine utilisée. Il y a donc une sorte de « signature » de la personne, chaque sujet possédant une manière qui lui est propre de vivre l'expérience, de se « relier » à l'appareil et de manipuler les résultats.

2. Pour en savoir plus sur ce sujet, voir Bernard Martino, *Les chants de l'invisible*, Paris, J'ai Lu, 1990, p. 262 et suivantes.

Le couple homme/machine

Comme je l'ai déjà dit, ces expériences se déroulent non pas dans un laboratoire de parapsychologie mais dans un laboratoire d'ingénierie et de sciences appliquées. Ce travail de recherche n'est donc absolument pas entrepris dans le but de mettre en évidence un pouvoir paranormal, mais pour déceler d'éventuelles interférences qui pourraient se produire dans le couple homme/machine, et créer, par ce biais, une modification dans le fonctionnement extrêmement pointu de certains appareils électroniques. Dans la propulsion spatiale par exemple, il y a des systèmes de visée de très grande précision, et donc très fragiles. Si un dérèglement, même minuscule, de leur fonctionnement se produisait pour une quelconque raison, par exemple un éventuel effet de la conscience de l'astronaute, cela pourrait signifier une erreur colossale de trajectoire aux conséquences dramatiques !

Comme notre société utilise un nombre incalculable d'appareils électroniques, une meilleure compréhension de cet « effet psi » risque de devenir impérative, car nous inventons des systèmes informatiques de plus en plus performants, rapides, pointus, petits, et donc potentiellement de plus en plus vulnérables à ce genre d'influence. Que se passerait-il si les très sensibles ordinateurs d'une tour de contrôle se mettaient à fonctionner un peu bizarrement parce que les contrôleurs sont en conflit avec la direction ? Qu'arriverait-il si l'anxiété d'un malade entraînait une perturbation dans le fonctionnement des ordinateurs nécessaires à son opération du cerveau ?

La théorie mathématique du chaos, dont la découverte dans les années 1970 a été permise grâce à l'informatique, postule l'« effet papillon » : un minuscule phénomène peut, en s'amplifiant de proche en proche, finir par générer des conséquences énormes. Et comme personne ne sait, aujourd'hui, ce qu'est la conscience humaine, comment elle fonctionne, où elle niche et quelle pourrait être toute l'étendue de ses possibilités, comment savoir de quels effets papillon elle est capable sur un système informatique qu'elle côtoie ou utilise ?

Toutes ces questions sont ouvertes et, à ce jour, personne n'a pu y répondre de façon définitive. De toute manière, ce qui s'agite dans l'électronique, ce sont des électrons, et le physicien Werner Heisenberg a énoncé son fameux principe d'incertitude, qui affirme qu'il y a une influence de l'observateur sur le comportement des particules. En fonction de ce principe, il ne peut exister aucun phénomène totalement objectif, au sens d'indépendant, de l'observateur. Cela signifie que l'attention de l'observateur, sa présence, parfois sa volonté, ont une incidence sur le comportement de la matière au niveau particulaire. Ou encore, comme le souligne cet autre physicien, Fritjof Capra :

> Le trait essentiel de la théorie quantique est que l'homme est nécessaire non seulement pour observer les propriétés d'un objet [de la physique quantique], mais même pour que celles-ci deviennent une réalité. Ma décision consciente concernant la façon d'observer, mettons un électron (...), déterminera jusqu'à un certain point les propriétés de l'électron. Autrement dit, l'électron ne possède pas de propriétés indépendantes de mon esprit. En physique atomique, la nette coupure cartésienne entre l'esprit et la matière, entre le moi et le monde, n'a plus cours[3].

L'esprit ouvert

Nous voilà donc bien loin de la rationalité et du cartésianisme de base ! En effet, les sciences de pointe découvrent bien des aspects du monde qui ne se soumettent pas au scientisme étriqué. Alors,

---

3. *Science et conscience,* ouvrage collectif, Paris, Stock, p. 46.

gardons l'esprit ouvert et admettons que le monde est bien plus étrange et intéressant que ne peuvent le concevoir des vues étroites. À défaut d'accorder une âme à nos appareils électroniques, pensons que, peut-être, c'est bien nous qui pourrions leur prêter quelques bribes de notre psychomental ou de nos états… d'âme.

BIBLIOGRAPHIE

ARMSTRONG, Thomas. *Sept façons d'être intelligent,* Paris, J'ai Lu, 1993.

BANDLER, Richard. *Un cerveau pour changer,* Paris, InterÉditions, 1992.

BUZAN, Tony. *The Mind Map Book,* New York, Plume/Penguin, 1993.

DE BONO, Edward. *Réfléchir mieux,* Paris, Les Éditions d'Organisation, 1985.

DE CLOSETS, François, et Bruno LUSSATO. *L'imposture informatique,* Paris, Fayard, 2000.

GARRIC, Daniel. *Les dossiers du futur,* Paris, Olivier Orban, 1980.

GATES, Bill. *La route du futur,* Paris, Pocket, 1995.

GIBSON, William. *Neuromancien,* Paris, J'ai Lu, 1984.

GOOKIN, Dan. *PC pour les nuls,* Paris, First Interactive, 2002.

GROUPE DIAGRAM. *Le cerveau : mode d'emploi,* Marabout, Alleur, 1994.

GUILANE-NACHEZ, Érica. *Bien se connaître pour bien piloter sa vie,* Paris, InterÉditions/Dunod, 2000, nouvelle édition revue et augmentée.

———. *Communiquer avec les autres, c'est facile !,* Montréal, Les Éditions de l'Homme, 1998.

———. *Vous n'aimez pas ce que vous vivez ? Alors, changez-le !,* Marabout, Alleur, 1995.

GUILANE-NACHEZ, Érica, Donald AKUTAGAWA et Terry WHITMAN. *Mêlons-nous de nos affaires,* Paris, InterÉditions, 1997.

Histoires de machines, Paris, Le Livre de Poche, 1974.

Histoires de robots, Paris, Le Livre de Poche, 1974.

IRIS, Antoine. *Les autoroutes de l'information,* Paris, PUF, 1996.

JUAN DE MENDOZA, Jean-Louis. *Deux hémisphères, un cerveau,* Paris, Flammarion, 1996.

JUNG, Carl Gustav. *L'homme et ses symboles,* Paris, Robert Laffont, 1964.

KAPLAN, Michel. *La troisième richesse,* Paris, Jean de Portal, 1994.

LASFARGUE, Yves. *Technomordus, Technoexclus ? — Vivre et travailler à l'ère numérique,* Paris, Éditions d'Organisation, 2000.

LEARY, Timothy. *Chaos et cyberculture,* Paris, Éditions du Lézard, 1996.

LEVY, Pierre. *Qu'est-ce que le virtuel ?,* Paris, Éditions La Découverte, 1995.

LILEN, Henri. *Le temps des ordinateurs,* Paris, Messidor/La Farandole, 1983.

MARC, Edmond, et Dominique PICARD. *L'école de Palo Alto,* Paris, Retz, 1984.

NACHEZ, Michel. *Les états non ordinaires de conscience,* Alleur, Marabout, 1997.

————. *Les états non ordinaires de conscience : essai d'anthropologie expérimentale,* Lille, Presses Universitaires du Septentrion, 2001.

POGUE, David. *Le Mac pour les nuls,* Paris, First Interactive, 2002.

SERVAN-SCHREIBER, Jean-Jacques. *Le défi mondial,* Paris, Le Livre de Poche, 1980.

————. *Le défi mondial 1986,* Paris, Le Livre de Poche, 1986.

TOFFLER, Alvin. *Les nouveaux pouvoirs,* Paris, Fayard, 1991.

TRUONG, Jean-Michel. *Le Successeur de pierre,* Paris, Denoël, 1999.

WADE, Philip, et Didier FALCAND. *Cyberplanète, notre vie en temps virtuel,* Paris, Autrement, 1998.

WATZLAWICK, Paul. *Les cheveux du Baron de Münchhausen,* Paris, Le Seuil, 1991.

DES MÊMES AUTEURS

Érica Guilane-Nachez

Vous n'aimez pas ce que vous vivez ? Alors, changez-le !, Marabout, 1995.

Bien se connaître pour bien piloter sa vie, InterÉditions-Dunod, 2001.

Communiquer avec les autres, c'est facile, Éditions de l'Homme, 1998.

Mêlons-nous de nos affaires !, avec D. Akutagawa et T. Whitman, InterÉditions-Masson, 1997.

Michel Nachez

Les états non ordinaires de conscience : essai d'anthropologie expérimentale, Presses Universitaires du Septentrion, 2000.

Les états non ordinaires de conscience, Marabout, 1997.

Pour joindre les auteurs :

Michel Nachez
Érica Guilane-Nachez
7, place d'Austerlitz
F-67064 Strasbourg
Courriel : ceh@nachez.fr
Site Web : www.nachez.fr

TABLE DES MATIÈRES

SECONDE PARTIE
Les mythes et leurs antidotes

LES ÉDITIONS DE L'HOMME

Affaires et vie pratique

26 stratégies pour garder ses meilleurs employés, Beverly Kaye et Sharon Jordan-Evans
* **1001 prénoms, leur origine, leur signification,** Jeanne Grisé-Allard
100 stratégies pour doubler vos ventes, Robert L. Riker
* **Acheter et vendre sa maison ou son condominium,** Lucille Brisebois
* **Acheter une franchise,** Pierre Levasseur
À la retraite, re-traiter sa vie, Lucie Mercier
* **Les annuelles en pots et au jardin,** Albert Mondor
* **Les assemblées délibérantes,** Francine Girard
* **La bible du potager,** Edward C. Smith
Le bon mot — Déjouer les pièges du français, Jacques Laurin
* **Bonne nouvelle, vous êtes engagé!,** Bill Marchesin
* **La bourse,** Mark C. Brown
* **Bricoler pour les oiseaux,** France et André Dion
* **Le chasse-insectes dans la maison,** Odile Michaud
* **Le chasse-insectes pour jardins,** Odile Michaud
* **Le chasse-taches,** Jack Cassimatis
* **Choix de carrières — Après le collégial professionnel,** Guy Milot
* **Choix de carrières — Après le secondaire V,** Guy Milot
* **Choix de carrières — Après l'université,** Guy Milot
Clicking, Faith Popcorn
* **Comment cultiver un jardin potager,** Jean-Claude Trait
Comment lire dans les feuilles de thé, William W. Hewitt
Comment rédiger son curriculum vitæ, Julie Brazeau
Comment voir et interpréter l'aura, Ted Andrews
* **Comprendre le marketing,** Pierre Levasseur
La conduite automobile, Francine Levesque
La couture de A à Z, Rita Simard
Découvrir la flore forestière, Michel Sokolyk
* **Des bulbes en toutes saisons,** Pierre Gingras
Des pierres à faire rêver, Lucie Larose
* **Des souhaits à la carte,** Clément Fontaine
* **Devenir exportateur,** Pierre Levasseur
* **Écrivez vos mémoires,** S. Liechtele et R. Deschênes
* **L'entretien de votre maison,** Consumer Reports Books
* **L'étiquette des affaires,** Elena Jankovic
* **EVEolution,** Faith Popcorn et Lys Marigold
* **Faire son testament,** Me Gérald Poirier et Martine Nadeau
* **Fleurs de villes,** Benoit Prieur
* **Fleurs sauvages du Québec,** Estelle Lacoursière et Julie Therrien
* **La généalogie,** Marthe F.-Beauregard et Ève B.-Malak
* **Gérer ses ressources humaines,** Pierre Levasseur
* **Les graminées,** Sandra Barone et Friedrich Oehmiche
Le grand livre de l'harmonie des couleurs, Collectif
* **Le grand livre des vivaces,** Albert Mondor
La graphologie en 10 leçons, Claude Santoy
* **Le guide Bizier et Nadeau,** R. Bizier et R. Nadeau
* **Le guide de l'auto 2001,** J. Duval et D. Duquet
* **Guide complet du bricolage et de la rénovation,** Black & Decker
Guide complet pour rénover sa maison, Black & Decker
* **Guide des arbres et des plantes à feuillage décoratif,** Benoit Prieur
* **Guide des fleurs pour les jardins du Québec,** Benoit Prieur
* **Le guide des plantes d'intérieur,** Coen Gelein
* **Guide des plantes pour la maison,** Benoit Prieur
* **Guide des voitures anciennes tome I et tome II,** J. Gagnon et C. Vincent
* **Guide du jardinage et de l'aménagement paysager au Québec,** Benoit Prieur
* **Guide du potager,** Benoit Prieur
* **Le guide du savoir-écrire,** Jean-Paul Simard
* **Le guide du vin 2001,** Michel Phaneuf
* **Le guide du vin 2002,** Michel Phaneuf
* **Guide gourmand 97 — Les 100 meilleurs restaurants de Montréal,** Josée Blanchette
* **Guide gourmand — Les bons restaurants de Québec — Sélection 1996,** D. Stanton
* **Le guide Mondoux,** Yves Mondoux
Guide pratique des premiers soins, Raymond Kattar

Guide pratique des vins d'Italie, Jacques Orhon
* **Guide Prieur saison par saison,** Benoit Prieur
* **Les hémérocalles,** Benoit Prieur
* **J'aime les azalées,** Josée Deschênes
* **J'aime les bulbes d'été,** Sylvie Regimbal
J'aime les cactées, Claude Lamarche
* **J'aime les conifères,** Jacques Lafrenière
* **J'aime les petits fruits rouges,** Victor Berti
J'aime les rosiers, René Pronovost
* **J'aime les tomates,** Victor Berti
* **J'aime les violettes africaines,** Robert Davidson
J'apprends l'anglais…, Gino Silicani et Jeanne Grisé-Allard
Le jardin d'herbes, John Prenis
* **Jardins d'ombre et de lumière,** Albert Mondor
Les jardins fleuris d'oiseaux, France et André Dion
* **Lancer son entreprise,** Pierre Levasseur
Le locataire avisé, Option consommateurs
* **La loi et vos droits,** Me Paul-Émile Marchand
Ma grammaire, Roland Jacob et Jacques Laurin
* **Mariage, étiquette et planification,** Suzanne Laplante
* **Le meeting,** Gary Holland
La menuiserie, Black & Decker
Mieux connaître les vins du monde, Jacques Orhon
Le nouveau guide des vins de France, Jacques Orhon
* **Nouveaux profils de carrière,** Claire Landry
Les nouvelles stratégies de coaching, Pierre J. Gendron et Christiane Faucher
L'orthographe en un clin d'œil, Jacques Laurin
* **Ouvrir et gérer un commerce de détail,** C. D. Roberge et A. Charbonneau
* **Passage obligé,** Charles Sirois
* **Le patron,** Cheryl Reimold
La peinture et la décoration, Black & Decker
* **Le petit Paradis,** France Paradis
* **La planification fiscale étape par étape,** Diane Blais et Michel Lanteigne
La plomberie, Black & Decker
* **Prévoir les belles années de la retraite,** Michael Gordon
Le principe 80/20, Richard Koch
Le rapport Popcorn, Faith Popcorn
* **Les secrets d'une succession sans chicane,** Justin Dugal
Souriez, c'est lundi, Bill Marchesin
La taxidermie moderne, Jean Labrie
* **Les techniques de jardinage,** Paul Pouliot
Techniques de vente par téléphone, James D. Porterfield
* **Tests d'aptitude pour mieux choisir sa carrière,** Linda et Barry Gale
* **Tout ce que vous devez savoir sur le condominium,** Robert Dubois
Les travaux d'électricité, Black & Decker
Une carrière sur mesure, Denise Lemyre-Desautels
L'univers de l'astronomie, Robert Tocquet
Un paon au pays des pingouins, B. Hateley et W. H. Schmidt
La vente, Tom Hopkins
Votre destinée dans les lignes de la main, Michel Morin

Affaires publiques, vie culturelle, histoire

L'affiche au Québec — Des origines à nos jours, Marc H. Choko
Aller-retour au pays de la folie, S. Cailloux-Cohen et Luc Vigneault
* **Antiquités du Québec — Objets anciens,** Michel Lessard
* **Apprécier l'œuvre d'art,** Francine Girard
* **Autopsie d'un meurtre,** Rick Boychuk
* **Avec un sourire,** Gilles Latulippe
* **La baie d'Hudson,** Peter C. Newman
* **Banque Royale,** Duncan McDowall
* **Boum Boum Geoffrion,** Bernard Geoffrion et Stan Fischler
Le cercle de mort, Guy Fournier
* **Claude Léveillée,** Daniel Guérard
* **Les conquérants des grands espaces,** Peter C. Newman
* **Cow-boy dans l'âme,** Bernard Arcand et Serge Bouchard
* **Dans la fosse aux lions,** Jean Chrétien

* **Dans les coulisses du crime organisé,** A. Nicaso et L. Lamothe
* **Le déclin de l'empire Reichmann,** Peter Foster
* **De Dallas à Montréal,** Maurice Philipps
* **Deux verdicts, une vérité,** Gilles Perron et Daniel Daignault
* **Les écoles de rang au Québec,** Jacques Dorion
* **Enquête sur les services secrets,** Normand Lester
* **Étoiles et molécules,** Élizabeth Teissier et Henri Laborit
La généalogie, Marthe F. Beauregard et Ève B. Malak
Gilles Villeneuve, Gerald Donaldson
Gretzky — Mon histoire, Wayne Gretzky et Rick Reilly
* **L'histoire des Molson,** Karen Molson
* **L'île D'Orléan,** Michel Lessard
* **Les insolences du frère Untel,** Jean-Paul Desbiens
* **Jacques Normand,** Robert Gauthier
* **Jacques Parizeau, un bâtisseur,** Laurence Richard
* **Landru – Le grand dérangeant,** Michel Vastel
* **Les liens du sang,** Antonio Nicaso et Lee Lamothe
* **La maison au Québec,** Yves Laframboise
* **Marcel Tessier raconte...,** Marcel Tessier
* **Maurice Duplessis,** Conrad Black
Meubles anciens du Québec, Michel Lessard
* **Moi, Mike Frost, espion canadien...,** Mike Frost et Michel Gratton
* **Montréal au XXe siècle — regards de photographes,** Collectif dirigé par Michel Lessard
Montréal — les lumières de ma ville, Yves Marcoux et Jacques Pharand
Montreal, the lights of my city, Jacques Pharand et Yves Marcoux
Montréal, métropole du Québec, Michel Lessard
* **Les mots de la faim et de la soif,** Hélène Matteau
* **Notre Clémence,** Hélène Pedneault
* **Objets anciens du Québec — La vie domestique,** Michel Lessard
* **Option Québec,** René Lévesque
Parce que je crois aux enfants, Andrée Ruffo
Paul-Émile Léger tome 1. Le Prince de l'Église, Micheline Lachance
Paul-Émile Léger tome 2. Le dernier voyage, Micheline Lachance
Paul-Émile Léger - coffret 2 volumes, Micheline Lachance
* **Pierre Daignault, d'IXE-13 au père Ovide,** Luc Bertrand
* **Plamondon — Un cœur de rockeur,** Jacques Godbout
* **Pleins feux sur les... services secrets canadiens,** Richard Cléroux
* **Pleurires,** Jean Lapointe
Prisonnier à Bangkok, Alain Olivier et Normand Lester
Quebec, city of light, Michel Lessard et Claudel Huot
Québec from the air, Pierre Lahoud et Henri Dorion
Québec, ville de lumière, Michel Lessard et Claudel Huot
Québec, ville du Patrimoine mondial, Michel Lessard
Le Québec vu du ciel, Pierre Lahoud et Henri Dorion
* **Les Quilico,** Ruby Mercer
René Lévesque, portrait d'un homme seul, Claude Fournier
Riopelle, Robert Bernier
* **Sainte-Foy – L'art de vivre en banlieu au Québec,** M. Lessard, J.-M. Lebel et C. Fortin
Sauvez votre planète !, Marjorie Lamb
* **Saveurs des campagnes du Québec,** Jacques Dorion
* **La sculpture ancienne au Québec,** John R. Porter et Jean Bélisle
Les sentinelles su Saint-Laurent, Patrice Halley
Sentinels of the St.Lawrence, Patrice Halley
Sir Wilfrid Laurier, Laurier L. Lapierre
La stratégie du dauphin, Dudley Lynch et Paul L. Kordis
Syrie terre de civilisations, Michel Fortin
* **Le temps des fêtes au Québec,** Raymond Montpetit
* **Trudeau le Québécois,** Michel Vastel
* **Un amour de ville,** Louis-Guy Lemieux
* **Un siècle de peinture au Québec,** Robert Bernier
Villages pittoresques du Québec, Yves Laframboise

Animaux

* **Le chien dans votre vie,** Matthew Margolis et Catherine Swan
* **Encyclopédie des oiseaux du Québec,** W. Earl Godfrey
Fabuleuses baleines et autres mammifères marins du Québec, Marie-Claude Ouellet

Fabulous Whales and Other Marine Mammals of Eastern Canada, Marie-Claude Ouellet
* **Guide des oiseaux saison par saison,** André Dion et Michel Sokolyk
Le monde fascinant des oiseaux, Rebecca Rupp
* **Nos animaux,** D. W. Stokes et L. Q. Stokes
* **Nos oiseaux, tome I,** Donald W. Stokes
* **Nos oiseaux, tome II,** Donald W. Stokes et Lillian Q. Stokes
* **Nos oiseaux, tome III,** Donald W. Stokes et Lillian Q. Stokes
* **Nourrir nos oiseaux toute l'année,** André Dion et André Demers
La palette sauvage d'Audubon, David M. Lank
* **Papillons et chenilles du Québec et de l'est du Canada,** Jean-Paul Laplante
Vous et vos oiseaux de compagnie, Jacqueline Huard-Viaux
Vous et vos poissons d'aquarium, Sonia Ganiel
Vous et votre bâtard, Ata Mamzer
Vous et votre Beagle, Martin Eylat
Vous et votre Beauceron, Pierre Boistel
Vous et votre Berger allemand, Martin Eylat
Vous et votre Bernois, Pierre Van Der Heyden
Vous et votre Bobtail, Pierre Boistel
Vous et votre Boxer, Sylvain Herriot
Vous et votre Braque allemand, Martin Eylat
Vous et votre Briard, Pierre Van Der Heyden
Vous et votre Bulldog, Pierre Van Der Heyden
Vous et votre Bullmastiff, Pierre Van Der Heyden
Vous et votre Caniche, Sav Shira
Vous et votre Chartreux, Odette Eylat
Vous et votre chat de gouttière, Annie Mamzer
Vous et votre chat tigré, Odette Eylat
Vous et votre Chihuahua, Martin Eylat
Vous et votre Chow-chow, Pierre Boistel
Vous et votre Cockatiel (Perruche callopsite), Michèle Pilotte
Vous et votre Collie, Léon Éthier
Vous et votre Dalmatien, Martin Eylat
Vous et votre Danois, Martin Eylat
Vous et votre Doberman, Paula Denis
Vous et votre Épagneul breton, Sylvain Herriot
Vous et votre furet, Manon Paradis
Vous et votre Husky, Martin Eylat
Vous et votre Labrador, Pierre Van Der Heyden
Vous et votre Lévrier afghan, Martin Eylat
Vous et votre lézard, Michèle Pilotte
Vous et votre Loulou de Poméranie, Martin Eylat
Vous et votre perroquet, Michèle Pilotte
Vous et votre perruche ondulée, Michèle Pilotte
Vous et votre petit rongeur, Martin Eylat
Vous et votre Rottweiler, Martin Eylat
Vous et votre Schnauzer, Martin Eylat
Vous et votre serpent, Guy Deland
Vous et votre Setter anglais, Martin Eylat
Vous et votre Siamois, Odette Eylat
Vous et votre Teckel, Pierre Boistel
Vous et votre Terre-Neuve, Marie-Edmée Pacreau
Vous et votre Tervueren, Pierre Van Der Heyden
Vous et votre tortue, André Gaudette
Vous et votre Westie, Léon Éthier
Vous et votre Yorkshire, Sandra Larochelle

Cuisine et nutrition

* **Les 250 meilleures recettes de Weight Watchers,** Collectif
* **À la découverte des fromageries du Québec,** André Fouillet
L'alimentation durant la grossesse, Hélène Laurendeau et Brigitte Coutu
Les aliments et leurs vertus, Jean Carper
Les aliments miracles pour votre cerveau, Jean Carper
Les aliments pour rester jeune, Jean Carper
Les aliments qui guérissent, Jean Carper
* **Apprêter et cuisiner le gibier,** collectif
Balsamico, Pamela Sheldon Johns

Le barbecue, Patrice Dard
Le barbecue – Toutes les techniques pour cuisiner sur le gril, Steven Raichler
* **Bien manger sans se serrer la ceinture,** Marie Breton
* **Biscuits et muffins,** Marg Ruttan
Bon appétit !, Mia et Klaus
La bonne cuisine des saisons, Victor-Antoine d'Avila-Latourette
Bonne table, bon sens, Anne Lindsay
Bonne table et bon cœur, Anne Lindsay
Les bonnes soupes du monastère, Victor-Antoine d'Avila-Latourrette
* **Bons gras, mauvais gras,** Louise Lambert-Lagacé et Michelle Laflamme
Les bons légumes du monastère, Victor-Antoine d'Avila-Latourrette
Le boulanger électrique, Marie-Paul Marchand
* **Le cochon à son meilleur,** Philippe Mollé
* **Cocktails de fruits non alcoolisés,** Lorraine Whiteside
Combler ses besoins en calcium, Denyse Hunter
Comment nourrir son enfant, Louise Lambert-Lagacé
La congélation de A à Z, Joan Hood
Les conserves, Sœur Berthe
* **Crème glacée et sorbets,** Yves Lebuis et Gilbert Pauzé
Cuisine amérindienne, Françoise Kayler et André Michel
La cuisine au wok, Charmaine Solomon
* **La cuisine chinoise traditionnelle,** Jean Chen
La cuisine des champs, Anne Gardon
La cuisine du monastère, Victor-Antoine d'Avila-Latourrette
La cuisine, naturellement, Anne Gardon
* **Cuisiner avec le four à convection,** Jehane Benoit
Cuisine traditionnelle des régions du Québec, Institut de tourisme et d'hôtellerie du Québec
Le défi alimentaire de la femme, Louise Lambert-Lagacé
* **Délices en conserve,** Anne Gardon
Des insectes à croquer, Insectarium de Montréal et Jean-Louis Thémis
* **Les desserts sans sucre,** Jennifer Eloff
Devenir végétarien, V. Melina, V. Harrison et B. C. Davis
* **Du moût ou du raisin ? Faites vous-même votre vin,** Claudio Bartolozzi
* **Faire son pain soi-même,** Janice Murray Gill
* **Faire son vin soi-même,** André Beaucage
Fruits & légumes exotiques, Jean-Louis Thémis
Gibier à poil et à plume, Jean-Paul Grappe
* **Le guide des accords vins et mets,** Jacques Orhon
Harmonisez vins et mets, Jacques Orhon
Huiles et vinaigres, Jean-François Plante
Jus frais et boissons santé, Anne MsIntyre
Le juste milieu dans votre assiette, Dr B. Sears et B. Lawren
Le lait de chèvre un choix santé, Collectif
* **Le livre du café,** Julien Letellier
Mangez mieux, vivez mieux !, Bruno Comby
Ménopause, nutrition et santé, Louise Lambert-Lagacé
* **Menus et recettes du défi alimentaire de la femme,** Louise Lambert-Lagacé
* **Les muffins,** Angela Clubb
Nouilles, Vicki Liley
* **La nouvelle boîte à lunch,** Louise Desaulniers et Louise Lambert-Lagacé
La nouvelle cuisine micro-ondes, Marie-Paul Marchand et Nicole Grenier
La nouvelle cuisine micro-ondes II, Marie-Paul Marchand et Nicole Grenier
Les passions gourmandes, Philippe Mollé
* **Les pâtes,** Julien Letellier
* **La pâtisserie,** Maurice-Marie Bellot
Plaisirs d'été, Collectif
* **Poissons, mollusques et crustacés,** Jean-Paul Grappe et l'I.T.H.Q.
Le porc en toutes saisons, Le Porc du Québec
* **Les recettes du bien-être absolu,** Dr Barry Sears
Réfléchissez, mangez et maigrissez !, Dr Dean Ornish
La sage bouffe de 2 à 6 ans, Louise Lambert-Lagacé
La santé au menu, Karen Graham
* **Soupes et plats mijotés,** Marg Ruttan et Lew Miller
Sushis et sashimis, Masakuzu Hori et Kazu Takahashi
Telle mère, telle fille, Debra Waterhouse
Les tisanes qui font merveille, Dr Leonhard Hochenegg et Anita Höhne
Un homme au fourneau, Guy Fournier
Une cuisine sage, Louise Lambert-Lagacé
* **Votre régime contre l'acné,** Alan Moyle

* **Votre régime contre la colite,** Joan Lay
* **Votre régime contre la cystite,** Ralph McCutcheon
* **Votre régime contre la sclérose en plaque,** Rita Greer
* **Votre régime contre l'asthme et le rhume des foins,** R. Newman Turner
* **Votre régime contre le diabète,** Martin Budd
* **Votre régime contre le psoriasis,** Harry Clements
* **Votre régime pour contrôler le cholestérol,** R. Newman Turner
* **Les yogourts glacés,** Mable et Gar Hoffman

Plein air, sports, loisirs

* **30 ans de photos de hockey,** Denis Brodeur
* **L'ABC du bridge,** Frank Stewart et Randall Baron
* **Almanach chasse et pêche 93,** Alain Demers
L'arc et la chasse, Greg Guardo
* **Les armes de chasse,** Charles Petit-Martinon
Les armes de chasse et de tir, Jean-Georges DesChenaux
L'art du pliage du papier, Robert Harbin
Astrologie 2001, Andrée D'Amour
Astrologie 2002, Andrée D'Amour
La basse sans professeur, Laurence Canty
La batterie sans professeur, James Blades et Johnny Dean
Beautés sauvages du Québec, H. Wittenborn et A. Croteau
Les bons cigares, H. Paul Jeffers et Kevin Gordon
Le bridge, Viviane Beaulieu
Carte et boussole, Björn Kjellström
Le chant sans professeur, Graham Hewitt
* **Charlevoix,** Mia et Klaus
Ciel de nuit, Terence Dickinson
* **Circuits pittoresques du Québec,** Yves Laframboise
La clarinette sans professeur, John Robert Brown
Le clavier électronique sans professeur, Roger Evans
Comment vaincre la peur de l'eau..., R. Zumbrunnen et J. Fouace
Le golf après 50 ans, Jacques Barrette et Dr Pierre Lacoste
* **Les clés du scrabble,** Pierre-André Sigal et Michel Raineri
Corrigez vos défauts au golf, Yves Bergeron
* **Le curling,** Ed Lukowich
* **De la hanche aux doigts de pieds — Guide santé pour l'athlète,** M. J. Schneider et M. D. Sussman
* **Devenir gardien de but au hockey,** François Allaire
* **Les éphémères du pêcheur québécois,** Yvon Dulude
L'esprit de l'aïkido, Massimo N. di Villadorata
* **Exceller au softball,** Dick Walker
* **Exceller au tennis,** Charles Bracken
* **Les Expos,** Denis Brodeur et Daniel Caza
La flûte à bec sans professeur, Alain Bergeron
La flûte traversière sans professeur, Howard Harrison
* **Les gardiens de but au hockey,** Denis Brodeur
Le golf au féminin, Yves Bergeron et André Maltais
Le grand livre des patiences, Pierre Crépeau
Le grand livre des sports, Le groupe Diagram
Les grands du hockey, Denis Brodeur
Les grands noms du jazz, Christophe Rodriguez
* **Guide complet de la couture,** collectif
Le guide complet du judo, Louis Arpin
Le guide complet du self-defense, Louis Arpin
* **Le guide de la chasse,** Jean Pagé
* **Guide de la forêt québécoise,** André Croteau
* **Le guide de la pêche au Québec,** Jean Pagé
Guide de mise en forme, P. Anctil, G. Thibault et P. Bergeron
* **Le guide des auberges et relais de campagne du Québec,** François Trépanier
* **Guide des jeux scouts,** Association des Scouts du Canada
Le guide de survie de l'armée américaine, Collectif
Guide d'orientation avec carte, boussole et GPS, Paul Jacob
Guide pratique de survie en forêt, Jean-Georges Deschenaux
La guitare électrique sans professeur, Robert Rioux
La guitare sans professeur, Roger Evans
L'harmonica sans professeur, Alain Lamontagne et Michel Aubin

* **Les Îles-de-la-Madeleine,** Mia et Klaus
* **Initiation à l'observation des oiseaux,** Michel Sokolyk
* **Jacques Villeneuve,** Gianni Giansanti
* **J'apprends à nager,** Régent la Coursière
* **Le Jardin botanique,** Mia et Klaus
* **Je me débrouille à la chasse,** Gilles Richard
* **Je me débrouille à la pêche,** Serge Vincent
* **Jeux cocasses au vieux Forum,** Denis Brodeur et Jacques Thériault

Jeux de puissance au hockey, Charles Thiffault
* **Jeux pour rire et s'amuser en société,** Claudette Contant

Jouer au golf sans viser la perfection, Bob Rotella et Bob Cullen
Jouons au scrabble, Philippe Guérin
Le karaté Koshiki, Collectif
Le karaté Kyokushin, André Gilbert
* **Leçons de golf,** Claude Leblanc

Le livre des patiences, Maria Bezanovska et Paul Kitchevats
Le livre du billard, Pierre Morin
* **Manon Rhéaume,** Chantal Gilbert

Manuel de pilotage, Transport Canada
Le manuel du monteur de mouches, Mike Dawes
Le marathon pour tous, Pierre Anctil, Daniel Bégin et Patrick Montuoro
* **Mario Lemieux,** Lawrence Martin
* **Maurice Richard,** Craig Macinnis

La médecine sportive, Dr Gabe Mirkin et Marshall Hoffman
Mouvements d'antigymnastique, Marie Lise Labonté
* **La musculation pour tous,** Serge Laferrière
* **La nature en hiver,** Donald W. Stokes
* **Nos oiseaux en péril,** André Dion

L'ouverture aux échecs pour tous, Camille Coudari
* **Les papillons du Québec,** Christian Veilleux et Bernard Prévost

Parlons franchement des enfants et du sport, J. E. LeBlanc et L. Dickson
Pêcher la truite à la mouche, Collectif
La photographie numérique, Bill Corbett
* **La photographie sans professeur,** Jean Lauzon

Le piano jazz sans professeur, Bob Kail
Le piano sans professeur, Roger Evans
La planche à voile, Gérald Maillefer
La plongée sous-marine, Richard Charron et Michel Lavoie
Poker !, Martin Dupras
Pour l'amour du ciel, Bernard R. Parker
* **Les Québécois à Lillehammer,** Bernard Brault et Michel Marois
* **Racquetball,** Jean Corbeil
* **Racquetball plus,** Jean Corbeil

The St. Lawrence, the untamed beauty of the great river, Jean-François Hamel et Annie Mercier
* **Rivières et lacs canotables du Québec,** Fédération québécoise du canot-camping

Le Saint-Laurent : beautés sauvages du grand fleuve, Jean-François Hamel et Annie Mercier
Le Saint-Laurent, un fleuve à découvrir, Marie-Claude Ouellet
S'améliorer au tennis, Richard Chevalier
* **Le saumon,** Jean-Paul Dubé

Le saxophone sans professeur, John Robert Brown
* **Le scrabble,** Daniel Gallez

Les secrets du blackjack, Yvan Courchesne
Le solfège sans professeur, Roger Evans
* **Sylvie Fréchette,** Lilianne Lacroix

La technique du ski alpin, Stu Campbell et Max Lundberg
Techniques du billard, Robert Pouliot
* **Le tennis,** Denis Roch
* **Tiger Woods,** Tim Rosaforte
* **Le tissage,** Germaine Galerneau et Jeanne Grisé-Allard

Tous les secrets du golf selon Arnold Palmer, Arnold Palmer
365 activités à faire après l'école, Cynthia MacGregor
La trompette sans professeur, Digby Fairweather
* **Les vacances en famille : comment s'en sortir vivant,** Erma Bombeck

Villeneuve — Ma première saison en Formule 1, J. Villeneuve et G. Donaldson
Le violon sans professeur, Max Jaffa
Voir plus clair aux échecs, Henri Tranquille et Louis Morin
Le volley-ball, Fédération de volley-ball

Psychologie, vie affective, vie professionnelle, sexualité

20 minutes de répit, Ernest Lawrence Rossi et David Nimmons
101 conseils pour élever un enfant heureux, Lisa McCourt
1001 stratégies amoureuses, Marie Papillon
À dix kilos du bonheur, Danielle Bourque
L'adultère est un péché qu'on pardonne, Bonnie Eaker Weil et Ruth Winter
* **Aider mon patron à m'aider,** Eugène Houde
Aimer et se le dire, Jacques Salomé et Sylvie Galland
Aimer un homme sans se laisser dominer, Harrison Forrest
À la découverte de mon corps — Guide pour les adolescentes, Lynda Madaras
À la découverte de mon corps — Guide pour les adolescents, Lynda Madaras
L'amour comme solution, Susan Jeffers
* **L'amour, de l'exigence à la préférence,** Lucien Auger
* **L'amour en guerre,** Guy Corneau
L'amour entre elles, Claudette Savard
Les anges, mystérieux messagers, Collectif
Apprendre à dire non, Marcelle Lamarche et Pol Danheux
Apprenez à votre enfant à réfléchir, John Langrehr
L'apprentissage de la parole, R. Michnik Golinkoff et K. Hirsh-Pasek
L'approche émotivo-rationnelle, Albert Ellis et Robert A. Harper
Arrête de bouder!, Marie-France Cyr
Arrosez les fleurs pas les mauvaises herbes, Fletcher Peacock
L'art de discuter sans se disputer, Robert V. Gerard
L'art de parler en public, Ed Woblmuth
L'art d'être parents, Dr Benjamin Spock
Attention, parents !, Carol Soret Cope
Au bout du rouleau, Debra Waterhouse
Au cœur de l'année monastique, Victor-Antoine d'Avila-Latourrette
Balance en amour, Linda Goodman
Bébé joue et apprend, Penny Warner
Bélier en amour, Linda Goodman
Bientôt maman, Janet Whalley, Penny Simkin et Ann Keppler
* **Le bonheur au travail,** Alan Carson et Robert Dunlop
Le bonheur si je veux, Florence Rollot
Cancer en amour, Linda Goodman
Capricorne en amour, Linda Goodman
Ces chers parents !..., Christina Crawford
Ces gens qui remettent tout à demain, Rita Emmett
Ces gens qui vous empoisonnent l'existence, Lillian Glass
* **Ces hommes qui méprisent les femmes... et les femmes qui les aiment,** Dr Susan Forward et Joan Torres
Ces pères qui ne savent pas aimer, Monique Brillon
Cessez d'être gentil, soyez vrai, Thomas d'Ansembourg
Ces visages qui en disent long, Jeanne-Élise Alazard
Changer en douceur, Alain Rochon
Changer ensemble — Les étapes du couple, Susan M. Campbell
Changer, oui, c'est possible, Martin E. P. Seligman
Les clés du succès, Napoleon Hill
Comment aider mon enfant à ne pas décrocher, Lucien Auger
Comment communiquer avec votre adolescent, E. Weinhaus et K. Friedman
Comment contrôler l'inquiétude et l'utiliser efficacement, Dr E. M. Hallowell
Comment développer l'estime de soi de votre enfant, Carl Pickhardt
Comment faire l'amour sans danger, Diane Richardson
* **Comment parler en public,** S. Barrat et C. H. Godefroy
Comment s'amuser à séduire l'autre, Lili Gulliver
Comment s'entourer de gens extraordinaires, Lillian Glass
Communiquer avec les autres, c'est facile !, Érica Guilane-Nachez
Le complexe de Casanova, Peter Trachtenberg
* **Comprendre et interpréter vos rêves,** Michel Devivier et Corinne Léonard
La concentration créatrice, Jean-Paul Simard
La côte d'Adam, M. Geet Éthier
Couples en péril réagissez !, Dr Arnold Brand
Découvrez votre quotient intellectuel, Victor Serebriakoff
Découvrir un sens à sa vie avec la logothérapie, Viktor E. Frankl
Le défi de vieillir, Hubert de Ravinel
* **De ma tête à mon cœur,** Micheline Lacasse
La dépression contagieuse, Ronald M. Podell
La deuxième année de mon enfant, Frank et Theresa Caplan

Développez votre charisme, Tony Alessandra
Devenez riche, Napoleon Hill
* **Dieu ne joue pas aux dés,** Henri Laborit
Dominez votre anxiété avant qu'elle ne vous domine, Albert Ellis
Les douze premiers mois de mon enfant, Frank Caplan
* **Du nouvel amour à la famille recomposée,** Gisèle Larouche
Les dynamiques de la personne, Denis Ouimet
Dynamique des groupes, Jean-Marie Aubry
En attendant notre enfant, Yvette Pratte Marchessault
* **Les enfants de l'autre,** Erna Paris
Les enfants de l'indifférence, Andrée Ruffo
L'enfant dictateur, Fred G. Gosman
L'enfant en colère, Tim Murphy
* **L'enfant unique — Enfant équilibré, parents heureux,** Ellen Peck
L'Ennéagramme au travail et en amour, Helen Palmer
Entre le rire et les larmes, Élisabeth Carrier
L'esprit dispersé, Dr Gabor Maté
* **L'esprit du grenier,** Henri Laborit
Êtes-vous faits l'un pour l'autre ?, Ellen Lederman
* **L'étonnant nouveau-né,** Marshall H. Klaus et Phyllis H. Klaus
Être soi-même, Dorothy Corkille Briggs
* **Évoluer avec ses enfants,** Pierre-Paul Gagné
Exceller sous pression, Saul Miller
* **Exercices aquatiques pour les futures mamans,** Joanne Dussault et Claudia Demers
Fantaisies amoureuses, Marie Papillon
La femme indispensable, Ellen Sue Stern
La force intérieure, J. Ensign Addington
Le fruit défendu, Carol Botwin
Full Sexuel – La vie amoureuse des adolescents, Jocelyne Robert
Gémeaux en amour, Linda Goodman
Le goût du risque, Gert Semler
Le grand dauphin blanc, Bruno Saint-Cast
Le grand livre de notre enfant, Tim Murphy
* **Le grand manuel des cristaux,** Ursula Markham
La graphologie au service de votre vie intime et professionnelle, Claude Santoy
Guérir des autres, Albert Glaude
* **La guérison du cœur,** Guy Corneau
Le guide du succès, Tom Hopkins
* **Heureux comme un roi,** Benoît L'Herbier
Histoire d'une femme traquée, Gaëtan Dufour
L'histoire merveilleuse de la naissance, Jocelyne Robert
Horoscope chinois 2001, Neil Somerville
Horoscope chinois 2002, Neil Somerville
Les initiales du bonheur, Ronald Royer
L'insoutenable absence, Regina Sara Ryan
J'ai commis l'inceste, Gilles David
* **J'aime,** Yves Saint-Arnaud
J'ai rendez-vous avec moi, Micheline Lacasse
Jamais seuls ensemble, Jacques Salomé
Je crois en moi et je vais mieux !, Christ Zois et Patricia Fogarty
Je réinvente ma vie, J. E. Young et J. S. Klosko
Le jeu excessif, Ladouceur, Sylvain, Boutin et Doucet
* **Le journal intime intensif,** Ira Progoff
Le langage du corps, Julius Fast
Lion en amour, Linda Goodman
Le mal des mots, Denise Thériault
Maman a raison, papa n'a pas tort…, Dr Ron Taffel
Maman, bobo !, Collectif
Les manipulateurs et l'amour, Isabelle Nazare-Aga
Les manipulateurs sont parmi nous, Isabelle Nazare-Aga
Ma sexualité de 0 à 6 ans, Jocelyne Robert
Ma sexualité de 6 à 9 ans, Jocelyne Robert
Ma sexualité de 9 à 12 ans, Jocelyne Robert
La méditation transcendantale, Jack Forem
Le mensonge amoureux, Robert Blondin
Nous divorçons — Quoi dire à nos enfants, Darlene Weyburne
Mère à la maison et heureuse ! Cindy Tolliver
Mettez du feng shui dans votre vie, George Birdsall
* **Mon enfant naîtra-t-il en bonne santé ?,** Jonathan Scher et Carol Dix

* **Mon journal de rêves,** Nicole Gratton
Parent responsable, enfant équilibré, François Dumesnil
Parle, je t'écoute…, Kris Rosenberg
Parle-moi… j'ai des choses à te dire, Jacques Salomé
Parlez-leur d'amour et de sexualité, Jocelyne Robert
Parlez pour qu'on vous écoute, Michèle Brien
Partir ou rester ?, Peter D. Kramer
Pas de panique !, Dr R. Reid Wilson
Pensez comme Léonard de Vinci, Michael J. Gelb
Père manquant, fils manqué, Guy Corneau
Petit bonheur deviendra grand, Éliane Francœur
La peur d'aimer, Steven Carter et Julia Sokol
Les peurs infantiles, Dr John Pearce
Peut-on être un homme sans faire le mâle ?, John Stoltenberg
* **Les plaisirs du stress,** Dr Peter G. Hanson
La plénitude sexuelle, Michael Riskin et Anita Banker-Riskin
Poissons en amour, Linda Goodman
Pour en finir avec le trac, Peter Desberg
Pour entretenir la flamme, Marie Papillon
Pourquoi l'autre et pas moi ? — Le droit à la jalousie, Dr Louise Auger
Pourquoi les hommes s'en vont, Brenda Shoshanna
Pourquoi les hommes marchent-ils à la gauche des femmes?, Philippe Turchet
Le pouvoir d'Aladin, Jack Canfield et Mark Victor Hansen
Le pouvoir de la couleur, Faber Birren
Le pouvoir de la pensée « négative », Tony Humphreys
Le pouvoir de l'empathie, A.P. Ciaramicoli et C. Ketcham
Préparez votre enfant à l'école dès l'âge de 2 ans, Louise Doyon
* **Prévenir et surmonter la déprime,** Lucien Auger
Le principe de Peter, L. J. Peter et R. Hull
Les problèmes de sommeil des enfants, Dr Susan E. Gottlieb
Psychologie de l'enfant de 0 à 10 ans, Françoise Cholette-Pérusse
* **La puberté,** Angela Hines
La puissance de la vie positive, Norman Vincent Peale
La puissance de l'intention, Richard J. Leider
La puissance des émotions, Michelle Larivey
Qui a peur d'Alexander Lowen ?, Édith Fournier
Réfléchissez et devenez riche, Napoleon Hill
La réponse est en moi, Micheline Lacasse
La réussite grâce à l'horoscope chinois, Neil Somerville
Les rêves, messagers de la nuit, Nicole Gratton
Les rêves portent conseil, Laurent Lachance
Rêves, signes et coïncidences, Laurent Lachance
Rompre pour de bon !, Joyce L. Vedral
* **Rompre sans tout casser,** Linda Bérubé
Ronde et épanouie !, Cheri K. Erdman
* **S'affirmer au quotidien,** Éric Schuler
S'affirmer et communiquer, Jean-Marie Boisvert et Madeleine Beaudry
S'aider soi-même davantage, Lucien Auger
Sagittaire en amour, Linda Goodman
Scorpion en amour, Linda Goodman
Se comprendre soi-même par des tests, Collaboration
Se connaître soi-même, Gérard Artaud
* **Le secret de Blanche,** Blanche Landry
Secrets d'alcôve, Iris et Steven Finz
Les secrets de la flexibilité, Priscilla Donovan et Jacquelyn Wonder
Les secrets de l'astrologie chinoise ou le parfait bonheur, André H. Lemoine
Les secrets des 12 signes du zodiaque, Andrée D'Amour
Séduire à coup sûr, Leil Lowndes
* **Se guérir de la sottise,** Lucien Auger
S'entraider, Jacques Limoges
* **La sexualité du jeune adolescent,** Dr Lionel Gendron
La sexualité pour le plaisir et pour l'amour, D. Schmid et M.-J. Mattheeuws
Si je m'écoutais je m'entendrais, Jacques Salomé et Sylvie Galland
Le Soi aux mille visages, Pierre Cauvin et Geneviève Cailloux
* **Superlady du sexe,** Susan C. Bakos
Surmonter sa peine, Adele Wilcox
La synergologie, Philippe Turchet
Taureau en amour, Linda Goodman
Te laisse pas faire ! Jocelyne Robert

Le temps d'apprendre à vivre, Lucien Auger
Tics et problèmes de tension musculaire, Kieron O'Connor et Danielle Gareau
Tirez profit de vos erreurs, Gerard I. Nierenberg
Tout se joue avant la maternelle, Masaru Ibuka
* **Travailler devant un écran,** Dr Helen Feeley
Un autre corps pour mon âme, Michael Newton
* **Un monde insolite,** Frank Edwards
Une vie à se dire, Jacques Salomé
* **Un second souffle,** Diane Hébert
Verseau en amour, Linda Goodman
* **La vie antérieure,** Henri Laborit
Vieillir au masculin, Hubert de Ravinel
Vierge en amour, Linda Goodman
Vivre avec un cardiaque, Rhoda F. Levin
Vos enfants consomment-ils des drogues ?, Steve Carper et Timothy Dimoff
Votre enfant est-il trop sensible ?, Janet Poland et Judi Craig
Votre enfant est-il victime d'intimidation ?, Sarah Lawson
Vouloir c'est pouvoir, Raymond Hull
Vous valez mieux que vous ne pensez, Patricia Cleghorn

Santé, beauté

Alzheimer — Le long crépuscule, Donna Cohen et Carl Eisdorfer
Arbres et arbustres thérapeutiques, Anny Schneider
L'arthrite, Dr Michael Reed Gach
L'arthrite — méthode révolutionnaire pour s'en débarrasser, Dr John B. Irwin
Au cœur de notre corps, Marie Lise Labonté
Bien vivre, mieux vieillir, Marie-Paule Dessaint
Bon vin, bon cœur, bonne santé !, Frank Jones
Le cancer du sein, Dr Carol Fabian et Andrea Warren
La chirurgie esthétique, Dr André Camirand
* **Comment arrêter de fumer pour de bon,** Kieron O'Connor, Robert Langlois et Yves Lamontagne
Le corps heureux, Thérèse Cadrin Petit et Lucie Dumoulin
Cures miracles, Jean Carper
De belles jambes à tout âge, Dr Guylaine Lanctôt
* **Dites-moi, docteur…,** Dr Raymond Thibodeau
Dormez comme un enfant, John Selby
Dos fort bon dos, David Imrie et Lu Barbuto
Dr Dalet, j'ai mal, que faire ?, Dr Roger Dalet
* **Être belle pour la vie,** Bronwen Meredith
Être jeune et le rester, Dr Alan Bonsteel et Chantal Charbonneau
La faim de vivre, Geneen Roth
Guide critique des médicaments de l'âme, D. Cohen et S. Cailloux-Cohen
* **Guide de la santé (le),** Clinique Mayo
H_2O — Les bienfaits de l'eau, Anna Selby
L'hystérectomie, Suzanne Alix
L'impuissance, Dr Pierre Alarie et Dr Richard Villeneuve
Initiation au shiatsu, Yuki Rioux
* **Maigrir : la fin de l'obsession,** Susie Orbach
Maladies imaginaires, maladies réelles ?, Carla Cantor et Dr Brian A. Fallon
* **Le manuel Johnson & Johnson des premiers soins,** Dr Stephen Rosenberg
* **Les maux de tête chroniques,** Antonia Van Der Meer
Maux de tête et migraines, Dr Jacques P. Meloche et J. Dorion
Millepertuis, la plante du bonheur, Dr Steven Bratman
La médecine des dauphins, Amanda Cochrane et Karena Callen
Mince alors… finis les régimes !, Debra Waterhouse
Perdez du poids… pas le sourire, Dr Senninger
Perdre son ventre en 30 jours, Nancy Burstein
La pharmacie verte, Anny Schneider
Plantes sauvages médicinales, Anny Schneider et Ulysse Charette
Pourquoi les femmes vivent-elles plus longtemps que les hommes ?, Royda Crose
* **Principe de la technique respiratoire,** Julie Lefrançois
* **Programme XBX de l'aviation royale du Canada,** Collectif
Qi Gong, L.V. Carnie
Renforcez votre immunité, Bruno Comby
Le rhume des foins, Roger Newman Turner
Ronfleurs, réveillez-vous !, Jocelyne Delage et Jacques Piché

La santé après 50 ans, Muriel R. Gillick
Santé et bien-être par l'aquaforme, Nancy Leclerc
Savoir relaxer — Pour combattre le stress, Dr Edmund Jacobson
Se guérir autrement c'est possible, Marie Lise Labonté
* **Soignez vos pieds,** Dr Glenn Copeland et Stan Solomon
Le supermassage minute, Gordon Inkeles
Vaincre les ennemis du sommeil, Charles M. Morin
* **Vaincre l'hypoglycémie,** O. Bouchard et M. Thériault
Vivre avec l'alcool, Louise Nadeau
Le yoga, Sandra Anderson

---

* Pour l'Amérique du Nord seulement.
(2002/8)

Cet ouvrage a été achevé d'imprimer
au Canada en août 2002.

Transcontinental
IMPRESSION
IMPRIMERIE GAGNÉ